# L'homme sans conscience

## ou du voyou au condamné

Nicolas Carter

Writat

Cette édition parue en 2024

ISBN : 9789359949239

Publié par
Writat
email : info@writat.com

# Contenu

# CHAPITRE I.
## UN commis curieux.

«Bureau des enquêtes secrètes».

Nick Carter jeta un coup d'œil au panneau ci-dessus au-dessus de la porte, un rappel sans prétention et quelque peu effacé de jours meilleurs, tandis qu'il descendait les marches de pierre menant aux bureaux du sous-sol du département de police de Boston.

La lumière du soleil était chaude et brillante sur Pemberton Square à dix heures ce matin de mai, répandant sur le magnifique nouveau palais de justice une gloire dorée conforme, sans aucun doute, à la sage dispensation de la justice, mais en monstrueuse anomalie avec certains des terribles événements. des expériences et des épisodes sinistres se déroulant parfois entre ces splendides murs ensoleillés.

Nick tourna à droite dans le couloir principal et entra dans le bureau attenant, une pièce assez spacieuse, dans laquelle se déroulaient les affaires générales de cette branche des services secrets de la police locale.

L'enceinte située à l'arrière du bureau du chef de bureau, qui était également surmontée d'une grille en laiton, se trouvait être vacante lorsque Nick entra. Cependant, dans un coin de la pièce, un employé subalterne était occupé à tenter de réparer une légère fuite dans le robinet du récipient à eau glacée, et c'est à ce jeune homme que s'adressa le célèbre détective new-yorkais.

« Est-ce que le chef était là ce matin ? Il a demandé.

L'employé quitta son travail comme s'il était surpris, s'essuyant les mains avec son mouchoir et fixa Nick pendant plusieurs instants. Mais il ne voyait rien de familier dans les traits graves et nets de l'étranger.

Pour autant que cet employé sache ou supposait, Nick aurait pu être un citoyen ordinaire ou très humble, qui s'était discrètement arrêté là, faute de mieux à faire.

« Chef Weston ? » revint-il interrogateur, scrutant toujours Nick avec attention.

« Il n'y a pas d'autre chef dans ce département, n'est-ce pas ? fut la réponse de Nick, avec une subtile teinte d'ironie.

"Et bien non."

"Chef Weston, oui", s'inclina Nick. "Est-il dans son bureau?"

"Je le crois."

"Occupé?"

"Je pense qu'il l'est, tout à l'heure."


« Tu comptes, hein ? Tu ne sais pas ?

"Oui, monsieur, il est occupé", dit maintenant l'employé, un peu sèchement, rougissant légèrement sous l'œil vif du détective et ses demandes calmement persistantes.

"Il n'est pas trop occupé pour me voir, je pense", répondit Nick avec une assurance sèche. "Entrez et dites-lui que je suis là."

"Qui es-tu?"

"Peu importe qui je suis."

"Je vais récupérer votre carte."

"Pas de carte", dit Nick laconiquement.

« Votre nom, alors ? »

"Ni aucun nom."

"Mais--"

"Dites simplement au chef que son ami de New York est ici."

L'expression des yeux de l'employé irrité ne perdit rien de son intérêt scrutateur, mais ils prirent maintenant un tout autre jour, comme s'il avait été soudainement frappé par une idée. Pourtant, il fronça légèrement les sourcils et dit :

« Si vous vous opposez à ce que votre nom soit mentionné… »

"Je m'y oppose, jeune homme", l'interrompit maintenant Nick, avec une détermination sinistrement silencieuse. « Il se peut que votre chef ait dans son bureau des personnes devant lesquelles je ne tiens pas à ce que mon nom soit annoncé. Maintenant, allez vers lui et remettez mon message tel que je vous l'ai donné, ni plus ni moins, sinon vous entendrez tout à coup quelque chose tomber, à condition que vous gardiez toujours la raison.

L'employé se mit à rire, comme amusé par les termes froids de la menace discrète, puis il se tourna rapidement et disparut dans un court passage entre la pièce extérieure et le bureau privé du chef Weston.

Nick le regardait avec un regard plutôt interrogateur : un type mince d'environ vingt-cinq ans, aux cheveux roux, aux traits fins, au teint jaunâtre parsemé de taches de rousseur et au visage éclairé par une paire d'yeux gris étroits, ce gris verdâtre. parfois vu dans les yeux d'un chat.

« Je me demande à quoi ils lui servent ici ? Se dit Nick en attendant. "Si j'étais le chef de ce restaurant, il y a de fortes chances que ce singe à tête rouge obtienne son ticket de marche en peu de temps."

Le sujet de ces cogitations peu flatteuses revint en moins d'une minute.

« Vous devez entrer directement, monsieur, par ici », annonça-t-il avec désinvolture, avec beaucoup plus de déférence.

En même temps , il ouvrait à Nick la voie pour passer dans l'enceinte et par le passage mentionné.

"Merci", dit Nick avec un demi-grognement.

« N'en parlez pas », sourit l'employé. « Tout droit, monsieur. Le chef Weston est à son bureau.


Nick entendit cependant le bruit des hommes dans un couloir attenant au côté opposé du bureau extérieur, et il comprit que le chef Weston les avait immédiatement renvoyés pour le recevoir en privé.

"Tellement tellement; l'entreprise est importante », a-t-il supposé à juste titre.

La porte se referma d'elle-même derrière Nick, mais le claquement du loquet de verrouillage maintint le feu jusqu'à ce que la voix chaleureuse du chef des détectives de Boston, alors qu'il se levait et saisissait Nick par la main, ait retenti dans la pièce.

"Comment vas-tu, Nick?" s'écria-t-il cordialement. "Je suis mille fois plus qu'heureux de te voir, Carter, sur ma parole."

"Pareil pour toi, Weston", rit Nick. "Un certain temps s'est écoulé depuis notre rencontre."

"C'est trop long, hein ?"

"C'est vrai aussi."

"Prends une chaise."

Maintenant, le verrou s'est légèrement cassé.

Un doigt entre la porte et le chambranle avait été retiré.

Une tête rougeâtre s'éloigna du panneau, deux oreilles cessèrent leur attention tendue, un pas léger recula dans le couloir, et deux yeux gris et étroits comme ceux d'un chat indiquèrent que leur propriétaire avait maintenant satisfait son désir de curiosité et appris le nom du visiteur qui avait si péremptoirement donné ses ordres.

Alors que Nick acceptait une chaise proche de celle occupée par Weston à son bureau, il pointa négligemment son pouce vers la porte par laquelle il était entré.

"Où l'as-tu trouvé, Weston?" » demanda-t-il sèchement.

« Trouver qui ? » demanda le chef avec des yeux interrogateurs.

"Le greffier."

"Hyde, celui qui t'a annoncé ?"

"Le même."

« Oh, il travaille sur les livres depuis environ un an. Ce n'est qu'un commis adjoint.

"Ah, je vois."

"Pourquoi as-tu demandé?"

"Sans raison."

"Absurdité! Tu devais avoir une raison, Nick.

"Aucune conséquence", sourit Nick. "En fait, j'ai posé des questions sur lui uniquement parce que j'ai dû le conduire ici en toute honnêteté lorsque j'ai refusé d'envoyer une carte ou de mentionner mon nom."

Le chef Weston renversa la tête et rit.

« Cela s'explique facilement », dit-il en riant toujours. « Je grogne contre lui à intervalles réguliers, Nick, pour m'avoir ennuyé avec des visiteurs que je ne connais pas et que je ne souhaite pas voir. Cependant, je l'obtiens progressivement, de sorte qu'il exige tout le pedigree d'un appelant avant de l'annoncer, ce qui est à peu près un défaut tout aussi grave, j'imagine. Mais Sandy va bien, à sa manière.

« Sandy, hein ? C'est un surnom, je suppose, à cause de ses cheveux roux ?

« Non, pas exactement. Il s'appelle Sanderson Hyde.

"Ah, juste comme ça."

«Je l'ai accueilli pour rendre service à un ami journaliste», a ajouté Weston en souriant. "C'est toujours bien d'être au top auprès de la presse, vous savez."

"C'est vrai aussi", acquiesça Nick, prêt maintenant à faire une digression. «Vous m'avez fait venir de New York, Weston. Que me veux-tu ?

« Vous avez mon télégramme ? »

"Certainement."

"Est-ce que Chick est venu avec toi?"

"Non", répondit Nick, à cette référence à son assistant en chef. "Je suis venu seul."

« Êtes-vous occupé à New York en ce moment ?

"Je suis toujours occupé, Weston."

« Trop occupé pour entreprendre un petit travail à ma place ?

"Où?"

"Dans et autour de Boston."


"Quelle en est la nature?"

"Il n'y a aucune raison de vous donner tous les détails, Nick, à moins que vous ne soyez en mesure d'accepter une offre et de m'aider", a répondu gravement le chef Weston. "Tout d'abord, Nick, puis-je compter sur toi ?"

Les sourcils du célèbre détective new-yorkais se resserrent un peu plus sur ses yeux gris perçants. Il se redressa un peu sur sa chaise et dit gravement :

"Vos affaires sont importantes, Weston, sinon vous ne m'auriez pas fait venir."

"Très important."

"Une affaire sérieuse?"

"Résolument."

« Est-ce que vos propres hommes s'en sont occupés ?

"Oui, le meilleur d'entre eux."

« Sans résultat ? »

"Rien qu'un échec absolu."

"Sont-ils maintenant au travail sur l'affaire ?"

"Certains d'entre eux."

"Et vous souhaitez que je participe à l'ouvrage ?"

"Je fais certainement."

— Si j'y consens, Weston, j'imposerai une condition, dit Nick décidément.

"Je m'y attends."

"Tu fais?"


"Certainement", acquiesça le chef. « Est-ce que je ne connais pas vos méthodes ? Vous me demanderez d'ordonner à tous mes hommes de se retirer de l'affaire et de vous la confier entièrement.

"C'est la condition", a déclaré Nick sans détour.

"Je vais l'accepter."

« Et laissez-moi tranquille ?

"Précisément. En aucune manière, vous ne serez gêné.

"Très bien."

« Vous entreprenez le travail pour moi ? »

"Je vais savoir en quoi cela consiste", répondit Nick, la curiosité éveillée. « Si c'est tout ce que vos remarques impliquent… eh bien, Weston, vous pouvez alors compter sur moi pour l'argumenter. »

"Capital."

"Maintenant, lâchez-vous et donnez-moi les faits de l'affaire."

Le chef Weston ouvrit un tiroir de son bureau et en sortit un lot de papiers et de documents, parmi lesquels se trouvait une photographie soigneusement montée d'environ cinq pouces carrés, telle qu'on peut la prendre avec un petit appareil photo portable ou un Kodak.

Tout en déposant les papiers sur son bureau, il tendit la photo à Nick Carter, en disant de manière impressionnante :

"Examinez d'abord ceci, Nick, et dites-moi ce que vous en pensez."

# CHAPITRE II.
# LES ROUTIERS MODERNES.

Tandis que le chef de Boston le regardait en silence, Nick Carter étudia attentivement la photographie pendant plusieurs instants.

"Hmm!" » grogna-t-il actuellement. « Le tableau est assez clair. Deux automobiles semblent s'être rencontrées sur une route boisée isolée.

"Précisément."

" Seule une partie de l'un d'entre eux est visible sur la photo ", poursuit Nick en commentant les différents détails. "La photo a manifestement été prise par un occupant de l'une des voitures."

"Correct."

"Sur la route, à proximité de l'autre véhicule, se tient une femme très grande, étroitement voilée, qui pointe un revolver, visiblement sur les occupants de l'autre véhicule."

"Exactement."

« Ils ne sont cependant pas visibles sur la photo, à l'exception de la main tendue de l'un d'eux, visiblement celle d'une femme. Elle passe un sac à main, deux montres et ce qui semble être plusieurs bijoux à un homme masqué qui se tient près de la femme qui tient le revolver braqué.

"Ce sont les principales caractéristiques de la photo, Nick", acquiesça Weston. "Maintenant, qu'en pensez-vous?"

Nick leva les yeux et répondit :

"Cela me semble être un hold-up."

"C'est exactement ce que c'était."

"Quand et où?"

"Près de la banlieue de Brookline, il y a environ une semaine."

"Est-ce le cas sur lequel vous souhaitez m'employer?"

"L'un d'eux."

« Il y en a d'autres ?

"Cinquante, Nick, au cours des deux derniers mois."

"Ouf!" siffla Nick en haussant les sourcils. " J'ai lu dans les journaux que vous aviez eu de nombreux vols de grand chemin par ici, mais je ne pensais pas qu'ils soient aussi fréquents que vous le dites. "

"Parce que seule une petite partie d'entre eux a reçu de la publicité", a répondu Weston. "J'en ai supprimé beaucoup, Nick, dans l'espoir d'obtenir ainsi des indices permettant de retrouver les escrocs."

« Et pourtant, vous êtes toujours dans le noir ?

« Jamais plus, Nick », fut la réponse grave. "Au cours des deux derniers mois, comme je l'ai dit, il y a eu plus de cinquante de ces vols de grand chemin."

« Tôt et souvent, hein ? »

« Décidément. Ces braquages ont d'ailleurs été commis avec une audace et une audace qui leur confèrent un caractère singulièrement mystérieux. Il est difficile de dire s'ils sont l'œuvre de deux ou trois escrocs professionnels, ou celle d'un groupe organisé plus important. Quoi qu'il en soit, Nick, nous avons été absolument incapables d'obtenir la moindre trace de l'identité, des repaires ou des quartiers généraux de ces vauriens.

« Est-ce que deux de ces braquages ont déjà été commis exactement au même moment ?

"Cela n'a pas été signalé."

"Si cela s'était produit", a expliqué Nick, "cela indiquerait qu'une bande considérable est à l'œuvre."

"Deux braquages en une soirée, c'est ce qui s'en rapproche le plus", a déclaré Weston.

"Dans la même localité?"

"À moins d'un mile l'un de l'autre."

« Les escrocs étaient-ils dans une automobile ?

"Oui, dans les deux cas."

"Alors les deux tâches peuvent avoir été effectuées par les mêmes personnes."

"J'en suis tout à fait sûr, Nick, car la même description des voleurs et de leur automobile m'a été donnée par les victimes des deux attentats."

« Est-ce que ces escrocs travaillent toujours depuis une automobile ?

"Dans la majorité des cas signalés", s'inclina Weston. « Pourtant, ils sont parfois apparus à cheval et à plusieurs reprises à pied. Le travail, Nick, est celui de deux ou plusieurs hommes et d'une femme, autant que je puisse en juger, et tous sont dotés d'un courage, d'une audace et d'une sagacité extraordinaires. Ils ont commis ces crimes à toute heure du jour et de la nuit, souvent dans des lieux publics, mais jusqu'à présent, ils ont complètement échappé à toute détection et poursuite. Ils accomplissent invariablement leur travail de coquin avec une détermination et une rapidité qui impressionnent complètement leurs victimes, qui sont généralement si alarmées… »

"Arrêtez-vous un instant", dit Nick assez brusquement. "J'aimerais vous poser quelques questions, Weston."

"Très bien."

"Si je décide de me pencher sur cette affaire, j'aurai alors quelques points déjà réglés et je n'aurai pas à perdre de temps à chercher moi-même les informations."

« Exactement », acquiesça le chef. « Que veux-tu savoir ?

"Tout d'abord, à propos des escrocs eux-mêmes", a déclaré Nick. « Qu'avez-vous comme descriptions à leur sujet ?

Le chef Weston a ri.


"Une variété, Nick, pour convenir à tout type d'homme, sauf une baleine à bosse ou démembrée", répondit-il.

« Les descriptions varient, hein ?

"Je devrais le dire."

"Il est possible que les voleurs utilisent un déguisement différent pour chaque travail."

"Très probable."

"Ou, comme c'est presque toujours le cas", a déclaré Nick, "les victimes des voleurs étaient si effrayées ou excitées à ce moment-là qu'elles ne conservent que des impressions vagues et exagérées de leurs agresseurs."

"Précisément."

« Pour illustrer cela », a ajouté Nick, « je connais le cas d'un combattant réputé, qui a été arrêté et dépouillé de sa montre et de son argent en plein jour et à moins de cinquante mètres de Central Park. Il déclara que le voleur mesurait six pieds, pesait cent quatre-vingts livres et était soutenu par deux complices dont il ne se souvenait pas très bien. Nous avons attrapé l'escroc le lendemain.

"Oui?"

"Il mesurait moins d'un mètre cinquante, pesait cent trente livres et faisait le travail entièrement seul."

« Toute une différence ! » s'exclama Weston en riant de bon cœur.

"Plutôt", sourit Nick. « En fait, le boxeur a eu tellement peur lorsqu'il a vu un revolver enfoncé sous son nez que l'escroc lui paraissait aussi grand qu'une maison. Pensant probablement qu'un tel travail ne pourrait pas être tenté seul, il se mit ensuite dans la tête qu'il avait vu les deux confédérés et était si profondément convaincu du fait imaginaire qu'il y croyait réellement. Je pourrais citer de nombreux cas similaires.

"Moi aussi, Nick."

"Les descriptions ne sont pas du tout fiables, comme vous le sous-entendez, mais elles aident parfois un peu."

"C'est vrai."

« D'une manière générale, vous pensez donc qu'il y a au moins deux hommes et une femme dans cette bande ?

"Les cas rapportés m'en convainquent", s'inclina Weston. "Cette photo montre d'ailleurs la femme, même si deux hommes sont mentionnés dans la majorité des vols signalés."

« Les hommes sont-ils toujours masqués ?

« Non, pas toujours. Mais la femme est invariablement voilée et les descriptions des hommes indiquent de fréquents changements de déguisement.

"C'est normal", a déclaré Nick. « Maintenant, parlons de l'automobile utilisée par les fripons. Des tentatives ont-elles été faites pour le suivre ou le retrouver ?

"Des tentatives répétées, Nick, qui se sont toutes révélées vaines."

« Aucune des victimes n'a-t-elle pu communiquer son numéro d'immatriculation ?

« Une douzaine de chiffres différents nous ont été rapportés », a répondu le chef Weston ; "Mais l'enquête a montré qu'ils étaient tous fictifs."

— Pourtant, les escrocs pourraient être localisés, chef, si la marque de l'automobile était connue, suggéra Nick. "Cela aurait dû être facilement appris par certaines de ces personnes."

Le chef Weston secoua la tête.

« Ce serait vrai, Nick, à condition que ces coquins utilisent toujours la même machine », dit-il. "Une demi-douzaine d'automobiles différentes ont été signalées comme ayant été utilisées par ces fripons lors des nombreux braquages."

"Hmm!" grogna Nick en haussant ses larges épaules. « Il est donc évident que ces escrocs ont investi des sommes considérables dans leur entreprise coquine. »

"Cela semble certainement le cas."

"Et les chevaux qu'ils montent ?" Nick s'enquit ensuite. « Le propriétaire d'aucun d'entre eux ne peut-il être découvert ?

« Dans les rares cas où des personnes ont été retenues par un cavalier, répondit Weston, le bandit de grand chemin était généralement seul. D'après la description donnée, il possède d'ailleurs autant de chevaux que d'automobiles, car il est apparu sur des gris, des bais, des noirs et des oseilles.

Nick rit de la désinvolture avec laquelle ce dernier fut dit.

"Cela me semble un peu étrange, Weston, qu'aucun de vos hommes n'ait pu se mettre sur la trace de ces desperados", répliqua-t-il bientôt. "Il n'est pas fréquent qu'une bande de bandits de grand chemin puisse échapper longtemps à la détection et à l'arrestation, alors qu'elle travaille dans et autour d'une ville comme Boston."

« Ce ne sont pas des fripons ordinaires, Nick », a déclaré avec insistance le chef Weston. "S'ils l'étaient, nous aurions dû les débarquer depuis longtemps."

« Où ces vols ont-ils généralement lieu ?

" Généralement dans une partie isolée d'une route de banlieue, bien que plusieurs aient eu lieu le soir, en plein cœur de Brookline, Cambridge et Newton ", répondit Weston. "Il est évident que les escrocs sélectionnent leurs victimes dans les banlieues les plus riches , probablement dans le but d'obtenir davantage de pillage."

« Comment procèdent-ils habituellement ? »

« De diverses manières, Nick, d'après mes rapports. Parfois, ils bloquent la route avec leur voiture et bloquent le premier groupe d'automobiles qui apparaît, qui, bien sûr, est obligé de s'arrêter. Après avoir déchargé les voyageurs de leurs biens, les escrocs les obligent alors à faire demi-tour, sous la gueule des revolvers braqués, et à repartir à toute vitesse. Si les victimes effrayées reviennent au bout de quelques instants, comme cela a été le cas une ou deux fois, elles arrivent sur les lieux et découvrent que les fripons ont pris la fuite.

"Naturellement", dit Nick en souriant.

"En fait, ils ont adopté d'innombrables méthodes pour bloquer une fête automobile", a ajouté Weston, "et ils intimident invariablement leur proie et s'en tirent avec les marchandises."

« En quoi consiste habituellement leur pillage ? demanda Nick.

« De l'argent et des bijoux. Ils prennent tout ce que possèdent leurs victimes, et la plupart d'entre elles abandonnent volontiers plutôt que de prendre le risque d'être abattues de sang-froid.

"Avez-vous réussi à localiser les biens volés dans les prêteurs sur gages ?"

"Pas un morceau."

« À en juger par vos rapports, Weston, quelle est la valeur des propriétés jusqu'ici sécurisées par ces bandits ?

« Des milliers de dollars, Nick. Près de cinquante mille, au moins.

« Y a-t-il eu des cambriolages par ici ces derniers temps ?

"Très peu."

« Il semble donc que ces fripons se bornent à ces travaux routiers. »

"Je pense que oui", s'inclina Weston.

Nick jeta un nouveau coup d'œil à la photo, qu'il tenait toujours à la main.

"C'était un de ces braquages, n'est-ce pas ?" a-t-il dit.

"Oui."

"C'est arrivé à Brookline?"

"Sur une route solitaire menant à Brookline", répondit Weston. « Les victimes étaient des gens de Brookline et se sont vu voler environ cinq cents dollars de diamants et de bijoux, y compris l'argent qu'elles avaient sur eux. Les victimes étaient deux femmes qui faisaient un tour dans une machine Stanley l'après-midi.

« Avaient-ils un chauffeur ?

"Non."

"Comment était-ce?"

"L'une des femmes, Mme Badger, est une conductrice experte et roule souvent sans chauffeur."

Nick jeta un nouveau coup d'œil à la photo – mais il ne rêvait pas à ce moment-là de l'importance de l'indice qu'il tenait alors dans sa main.

# CHAPITRE III.
## Nick Carter a tenu le coup.

Bien qu'il n'attachât alors aucune signification particulière à la photographie, le fait que Nick Carter était d'une nature particulièrement impressionnable, et que toute circonstance inhabituelle éveillait rapidement son rare instinct de détective, apparut dans sa question suivante et dans la brusquerie avec laquelle elle fut posée.

"Comment se fait-il, Weston, que cette photo de la scène ait été prise pendant le vol ?"

«Je vais vous le dire », répondit le chef de Boston.

"Un instant", intervint Nick. "D'abord, parlez-moi quelque chose sur les victimes du vol."

« La Mme Badger mentionnée, répondit Weston, est l'épouse d'un certain Amos G. Badger, un riche courtier en valeurs mobilières de Boston. Il possède une belle demeure ancienne dans l'une des banlieues les plus prisées de Brookline, héritée de son père il y a quelques années, et le couple évolue dans les cercles les plus exclusifs de la société à la mode locale. La maison de Badger se trouve sur Laurel Road et couvre plusieurs hectares.

« Continuez », acquiesça Nick ; "Je vous suis."

"Mme. La compagne de Badger cet après-midi-là était sa sœur, continua Weston, une femme célèbre localement sous le nom de Madame Victoria.

"Célèbre pour quoi?" demanda Nick.

«Eh bien, elle prétend être une astrologue, une médium spirituelle et une sorte de diseuse de bonne aventure, je crois», a expliqué le chef Weston.

"Hmm!"

« En tout cas, Nick, elle fait d'énormes affaires et possède un magnifique appartement dans un immeuble de bureaux sur Tremont Street, juste en face du Common. Un nombre incalculable de personnes riches et à la mode la consultent , soit pour obtenir des conseils en affaires ou en amour, soit pour recevoir des messages censés provenir d'amis décédés », a ajouté Weston en riant un peu avec dérision.

"Je ne prends pas en compte ce genre de choses", a déclaré Nick sans détour.

"Moi non plus, Nick", fut la réponse. "Pourtant, la femme est certainement un personnage et, si les rapports sont vrais, elle a fait de très nombreuses prédictions remarquables et fait preuve d'une faculté des plus mystérieuses pour communiquer avec le monde invisible."

"Étalages!"

"Comme toi, Nick, je n'ai aucune confiance en cette pourriture!" » rit Weston. « Pourtant je connais une demi-douzaine de courtiers qui la consultent régulièrement sur le cours de la bourse, ainsi que bien d'autres hommes d'affaires, qui prétendent tous en tirer de grands avantages. Ses chambres sont toujours occupées par un client, homme ou femme, et ses honoraires sont très élevés. Il y a donc peut-être un peu plus dedans, Nick, que tu ne l'imagines.

Nick secoua la tête, incrédule.

« Reviens voir Hécube », grogna-t-il. « Vous dites que cette femme est la sœur de la femme de Badger ?

"Oui."

« Quel est son vrai nom ? »

"Victoria Clayton."

"Un nom euphonique, au moins."

"La femme de Badger était Claudia Clayton et, à un moment donné, elle était sur scène", a poursuivi Weston. "Elle aussi est une femme remarquablement intelligente et compétente, une linguiste accomplie, une adepte de la culture physique, une experte en tennis et en golf, et l'une des meilleures coureuses de cross-country parmi les sportifs cultivés qui se tournent vers de tels passe-temps. . En fait, les deux femmes sont au-dessus de la moyenne et hors du commun.

« Est-ce que Badger a épousé sa femme sur scène ?

«Je ne pense pas, Nick. Elle avait pris sa retraite depuis quelque temps. Ils sont mariés depuis environ cinq ans, je crois.

"Revenez à l'image", a déclaré Nick. "Cela a dû être pris au moment même où le braquage s'est produit."

"Oui c'était."

« Les escrocs en étaient-ils conscients ?

"Non en effet."

« Comment le tour a-t-il été réussi ? »» demanda Nick avec curiosité. "Ce n'est pas souvent qu'une esquive aussi intelligente est pratiquée contre des escrocs professionnels."

"La femme qui a fait ça est intelligente, comme je vous le dis."

"Dites-moi comment c'est arrivé."

"Je vais vous donner les faits tels qu'ils m'ont été communiqués."

"Par qui?"

« Par Amos Badger et son épouse », a répondu le chef Weston. « Il m'a informé par téléphone du vol et est venu ici avec sa femme le lendemain matin pour me rapporter les détails du braquage. Deux jours plus tard, dès qu'elle fut terminée et montée, Badger m'apporta la photo.

« Et le hold-up ? »

"Cela a été commis il y a environ une semaine, à trois heures de l'après-midi", a déclaré Weston. "Mme. Badger et sa sœur, Madame Victoria, revenaient de Canton à Brookline. Alors qu'ils se trouvaient dans une section isolée d'une route qui traverse une ceinture boisée considérable, ils contournèrent un virage serré et tombèrent soudainement sur une grosse automobile qui se tenait à un angle en travers de la route. Un homme semblait être en train de réparer une interruption dans les travaux et était accroupi à côté, tandis qu'une femme se tenait à proximité sur la route, apparemment le surveillant.

« Étaient-ils les seuls occupants de cette voiture ?

« Oui, comme l'indique la photo. Ils étaient également les seules personnes en vue dans les deux sens.

"La machine semble être une Winton."

"C'est ce que c'était, Nick, car Mme Badger l'a remarqué."

"Continuez", acquiesça Nick. "Quoi de plus?"

"Naturellement, Mme Badger a ralenti, s'arrêtant presque, car la route était presque complètement bloquée par l'autre voiture", a poursuivi Weston. "Puis la femme voilée que l'on voit sur la photo s'est soudainement avancée, a brandi un revolver et a ordonné à Mme Badger de ne pas démarrer sa voiture sans autorisation."

"Hmm!" s'exclama Nick. "C'était vraiment audacieux."

"Au même instant, l'homme, qu'on voyait masqué, se leva d'un bond et s'approcha des deux femmes effrayées, et leur ordonna de remettre leurs bijoux et leur argent, et d'être très vifs à ce sujet."

"Qu'est-ce qu'ils ont fait?"

« Oui, Nick, car les femmes étaient naturellement très alarmées. Tous deux s'empressèrent d'obéir, bien que Madame Victoria se chargea, je crois, de faire quelques arguments ou de protester. Elle a cependant été interrompue par une menace qui l'a rapidement fait taire.

"Je vois."

« Elle avait cependant sur le siège de la voiture un petit appareil photo, qu'elle transporte fréquemment, une de ses manies étant celle d'obtenir de jolies vues, dont elle possède plusieurs gros volumes. En baissant les yeux, elle l'a observé et a eu la présence d'esprit de le cacher avec sa main, en le prenant en même temps et en attrapant heureusement la photo que vous avez là. Je lui ai dit que c'était un travail astucieux, Nick, mais il est vraiment regrettable que les visages des escrocs aient été masqués. Sinon, nous devrions posséder un indice qui en vaut la peine.

"Je crois à votre histoire", acquiesça Nick.

"Les escrocs, après avoir sécurisé leur pillage, ont ordonné aux femmes de continuer leur route, ce qu'elles étaient très disposées à faire", a conclu Weston. "Ils étaient trop effrayés pour se lancer à la poursuite des coquins, mais ils se sont précipités chez eux pour me prévenir par téléphone."

Pendant quelques instants, Nick avait affiché une expression résolument pensive, comme s'il avait déjà un projet en tête. D'ailleurs, avant que le chef ait pratiquement cessé de parler, Nick dit sans ambages :

"J'aimerais parler avec Mme Badger."


"Par téléphone?" » s'enquit Weston, s'interrogeant sur ce souhait.

"Non, personnellement."

"Vous pouvez facilement le faire en allant à Brookline."

"J'y vais!" s'exclama Nick en se levant brusquement. « Je suppose que je peux conserver cette photo pendant une courte période ?

"Certainement."

— Quant à mon engagement de rassembler les coquins coupables de ces vols, eh bien, je vous donnerai ma réponse un peu plus tard, poursuivit Nick en ouvrant la porte par laquelle il était entré. "Je ne doute pas, vieil ami, que ce sera une réponse favorable."

"Je l'espère, Nick, j'en suis sûr", déclara Weston en le suivant dans le bureau extérieur, où Nick s'arrêta brièvement.

Sanderson Hyde, perché sur un tabouret dans l'enceinte, semblait occupé à lire ses livres, sans même regarder les intrus.

« Est-ce que tu sors tout de suite ? » s'enquit Weston.

"Oui", répondit Nick en glissant la photo dans sa poche. « Il y a quelques questions que je souhaite poser à Mme Amos Badger. Si je peux trouver une automobile publique, Weston, je pense que j'irai là-bas. C'est le moyen de transport le plus rapide, et c'est une belle matinée pour faire une promenade.

"Vous trouverez ce que vous voulez dans le coin ci-dessous", répondit Weston. « La machine va bien, tout comme l'homme. Grady est son nom. Mentionnez le mien, Nick, et il n'y aura aucune accusation.

"Oh, je veillerai à ce que Grady reçoive ses honoraires, d'accord", rit Nick en se tournant pour quitter le bureau. "Je te verrai plus tard, Weston, probablement en début d'après-midi."

"Faites-le", acquiesça ce dernier.

Puis il se tourna vers l'employé très occupé et ajouta, un peu brusquement :

« Qu'avez-vous dit à cet homme, Hyde, lorsqu'il est venu ici ce matin ?

Le jeune Sanderson Hyde leva les yeux en haussant les sourcils.

« Rien d'important, chef », répondit-il respectueusement. "Seulement quelques mots sur l'envoi de sa carte."

"Connaissez-vous l'homme?"

"Non monsieur. Je ne me souviens pas de l'avoir jamais vu.

"Eh bien, la prochaine fois que vous le verrez, regardez-le attentivement, car cet homme est Nick Carter, le plus grand détective qui ait jamais existé en cuir."

"Les connards!" haleta Hyde, avec un étonnement manifeste. « Vous ne le pensez pas, chef ! Pas Nick Carter lui-même ?

"Je dis toujours ce que je veux dire", grogna Weston. « A partir de maintenant, faites-le entrer sans tarder dans mon bureau. »

Les yeux félins suivirent la silhouette robuste de l'orateur alors qu'il revenait dans le couloir, et bientôt le claquement du loquet de verrouillage retentit dans le bureau.

Puis M. Hyde posa sa plume et sortit de l'enclos. Son pas était plus léger et prudent que les affaires ordinaires n'auraient dû l'exiger. Il jeta un rapide coup d'œil dans les deux couloirs adjacents, écouta attentivement pendant un moment, puis se précipita dans un placard téléphonique voisin et ferma hermétiquement la porte.

Nick Carter trouva Grady au coin mentionné, un jeune Irlandais à l'air astucieux, assis dans un excellent runabout, en train de lire le journal du matin.

« Connaissez-vous Laurel Road, Brookline, M. Grady ? » demanda Nick en s'arrêtant à côté de la machine.

"Je sais à peu près où il se trouve, monsieur", a déclaré Grady, attentif aux affaires. "Je peux le trouver pour toi, d'accord."

"Emmenez-moi là-bas", dit Nick en montant sur le siège. "À la maison de M. Amos Badger."

"Le courtier, monsieur", acquiesça Grady. «Je connais cet homme, monsieur. Je vous déposerai là-bas dans trente minutes, monsieur, ou moins, si vous dites le mot.

"Je ne suis pas particulièrement pressé", a déclaré Nick. « Respectez les limites de vitesse. »

Il n'a pas dit à Grady son nom ni qu'il venait du quartier général de la police. Il n'entama pas non plus beaucoup de conversation avec l'homme, car Nick était absorbé par ses réflexions sur les révélations qui lui étaient faites et sur les diverses possibilités du travail qu'il était invité à entreprendre.

Grady, pour sa part, n'a pas tenu parole. Il courut un ou deux milles en dehors de la route directe vers Laurel Road, puis il dut contourner le grand réservoir de Chestnut Hill pour trouver la bonne piste.

Il y a de nombreuses routes boisées aux abords du quartier à la mode de Brookline, le long desquelles les belles habitations sont très dispersées ou divisées par de vastes domaines ; et sur l'une de ces routes, Grady envoyait sa machine plus rapidement, pour rattraper le temps perdu.

Soudain, sortant d'un petit bois à une cinquantaine de mètres de là, un homme ivre arriva en titubant sur la route, comme s'il venait de se réveiller d'une sieste dans un buisson ; et Nick Carter, étant le premier à l'apercevoir, dit précipitamment à son chauffeur :

"Faites attention à ce type, Grady."

"Je le vois, monsieur", acquiesça Grady.

"Il a une charge à bord."

"Je devrais le dire."

L'homme en état d'ébriété entendit alors l'automobile s'approcher de lui par derrière. Il se retourna, s'arrêtant en chancelant au milieu de la route, où il se balançait et regardait comme s'il était trop confus pour savoir de quel côté de la route chercher pour éviter d'être écrasé.

Grady ralentit naturellement alors qu'il se trouvait à peine à vingt pieds de son camarade.

« Sortez de la route ! » » cria-t-il avec impatience. « Prenez un côté ou l'autre, faites-vous exploser ! »

L'automobile s'était arrêtée net.

L'homme sur la route chancela un peu sur le côté – et se rapprocha un peu plus.

Puis, avec des mouvements aussi rapides et décisifs qu'un coup de foudre, il s'élança, sortit une paire de revolvers, les pointa droit sur la tête des deux hommes dans l'auto et s'écria d'une voix aiguë :

"Les mains en l'air! Si vous démarrez cette machine, chauffeur, je vous explose la tête ! »

La voix était aussi ferme et froide que la glace, mais elle avait pourtant un son aussi menaçant que lorsque des lames d'acier se croisent dans un combat mortel.

Nick Carter retint son souffle.

"Retenu, par le tonnerre!" fut sa première pensée.

---

# CHAPITRE IV.
# L'ÉVASION.

Comment tirer le meilleur parti du bandit de grands chemins fut la seconde réflexion de Nick Carter.

Cela ne semblait pas facile, mais la main de Nick se dirigea instinctivement vers sa poche de hanche.

"Arrêt! Les mains en l'air!"

Le commandement réitéré coupa assez bien l'air de son intensité menaçante.

Les mains de Grady cherchaient déjà les nuages.

Nick Carter a maintenant emboîté le pas et s'est envolé.

Dans la voix, les yeux et l'attitude du voyou sur la route, il y avait ce qui convainquit Nick que la désobéissance et le défi attireraient certainement une balle.

Il vit d'ailleurs que le but du coquin était juste, et que le doigt sur la gâchette de l'arme qui lui couvrait la poitrine commençait déjà à se contracter, au moment où il montrait des signes de combat.

« Si l'un de vous bouge avant que je ne lui donne l'ordre, » dit le bandit, « j'ouvrirai immédiatement le feu sur vous. Et je ne rate jamais mon objectif !


La menace était aussi calme que si l'orateur avait simplement demandé l'heure de la journée, et pourtant la voix ne perdait pas un instant son timbre terriblement convaincant.

Nick saisit l'occasion de l'examiner et il se sentit relativement sûr d'avoir affaire au même homme qui apparaissait sur la photo de Badger.

L'homme était cependant vêtu à ce moment-là, avec un chapeau de feutre doux tiré sur ses sourcils.

C'était un homme athlétique et bien bâti, apparemment dans la quarantaine ; pourtant il était aussi rapide qu'un chat dans ses mouvements et était évidemment doté de muscles souples et de nerfs d'acier.

Le coquin était lourdement barbu, mais cela ne comptait pas beaucoup pour Nick Carter. Il jugea à juste titre que l'homme était soigneusement déguisé, mais que le maquillage était si intelligemment préparé et ajusté que Nick, malgré son expérience de tels artifices, ne pouvait pas le déceler.

Ce que Nick remarqua surtout, en fait, c'est que les yeux de l'homme avaient en eux la lueur perçante d'une résolution mortelle, une détermination ferme et vicieuse d'exécuter l'acte désespéré qu'il avait entrepris. Il n'y avait plus aucun signe d'ivresse, qui avait manifestement été supposée uniquement dans le but de retenir les voyageurs.

Même s'il ne manquait pas de courage, Nick Carter avait sa part de sagesse et de discrétion. Il vit d'un coup d'œil qu'il était totalement impuissant pour le moment, du moins, et il n'avait aucune idée d'inviter délibérément une balle.

De tels épisodes émouvants se produisent en très peu d'instants, et pas trente secondes ne s'étaient écoulées depuis le braquage, lorsque la voix du bandit de grand chemin coupa de nouveau brusquement l'air du matin.

"Chauffeur, vous faites ce que je vous commande, sinon le pire sera le vôtre", cria-t-il sévèrement. "Baissez une de vos mains et retirez la montre de votre employeur."

Grady hésita une fraction de seconde.

Nick vit la main qui tenait l'une des armes commencer à se contracter.

« Obéissez-lui, Grady, » dit-il avec une brusquerie menaçante.

"Bedad, je n'aime pas———"

"Encore une seconde, et je vais———"

"Obéissez-lui!" siffla Nick avec une véhémence réprimée. "Obéis-lui, espèce d'idiot!"

Nick comprit d'un seul coup d'œil que cette seconde supplémentaire aurait fini par permettre à Grady de recevoir une once de plomb.

Grady avait le vrai courage et les caractéristiques pugnaces d'un Irlandais, mais il laissa maintenant tomber une main et ôta la montre et la chaîne de Nick.

Le bandit s'est approché d'un pas, jusqu'à se retrouver à peine à six pieds sur la route poussiéreuse.


« Jetez-les par terre à mes pieds », ordonna-t-il, son mauvais œil fixé sur le chauffeur.

"Fais-le, Grady", dit Nick.

Grady obéit avec un air renfrogné, et la montre et la chaîne atterrirent dans la poussière aux pieds du voyou.

"Maintenant, le sac à main de votre employeur."

"Dans la poche poitrine de mon gilet, Grady."

"Ayez l'air vif."

Grady plongea dans la veste de Nick et en sortit son portefeuille.

Nick était toujours assis, les mains en l'air, mais pas un instant ses yeux ne quittèrent ceux du bandit.

Bien qu'au début enclin à envoyer Grady dans sa poche de hanche après son revolver, Nick s'est rendu compte que l'Irlandais n'était peut-être pas rapide et précis dans son utilisation, et également que l'escroc était attentif à chacun de leurs mouvements. Le risque était trop grand pour être pris, et Nick décida de se soumettre à la situation pour le moment et de guetter une opportunité de renverser la situation sur ce coquin.

Grady sortit le portefeuille, qui contenait une centaine de dollars et quelques papiers sans importance.

« Jetez-le sur la route », ordonna le bandit.

"Laisse tomber, Grady", dit Nick.

« Votre employeur a plus de sagesse que vous, Grady », dit l'escroc avec un ricanement menaçant. "Obéissez immédiatement, ou je laisserai la lumière du jour entrer en vous."

Grady jeta le portefeuille après la montre et la chaîne.

"Maintenant, relevez vos mains!"

"Bedad, monsieur, un jour , la botte sera sur l'autre jambe", grogna Grady en obéissant.

— Ce ne sera pas aujourd'hui, Grady, croyez-moi sur parole, rétorqua le voyou.

"Le jour viendra néanmoins", dit maintenant Nick Carter, avec une quiétude inquiétante.

« Pensez-vous ? »

"Je fais certainement."

"Eh bien, je ne le fais pas."

"C'est parce que vous ne savez pas qui je suis", a déclaré Nick avec insistance.

"Je me fiche de qui tu es."

"Ce n'est pas le cas, hein?"

"Je ne le fais certainement pas."

"Vous changerez d'avis plus tard."

La scène était curieuse, les deux hommes dans le runabout étaient assis, les mains au-dessus de la tête, tandis que l'homme sur la route les intimidait aussi froidement que s'il n'existait pas le moindre danger pour lui, ni de leur part, ni de leur approche soudaine. de quelques intrus sur les lieux.

Nick avait entamé la conversation avec ce drôle dans l'espoir de le surprendre en train de faire une sieste un instant, ou qu'une personne ou une autre automobile pourrait apparaître ; mais ni l'un ni l'autre ne paraissait probable, car la route forestière était déserte, et le voleur de grands chemins ne relâchait pas une seconde sa vigilance ni ne baissait ses armes levées.

Cependant, avec la dernière remarque de Nick Carter, les yeux du coquin prirent une lueur plus laide, et il décida évidemment qu'il ferait mieux de ne pas différer sa fuite. La façon dont il l'a fait montre qu'il était intelligent en le faisant et qu'il prévoyait que ses victimes pourraient éventuellement être armées.

Avec les deux hommes constamment sous les yeux, il dit sévèrement :

« Le moindre geste de l'un de vous lui coûtera la vie. Je vous préviens que je tirerai immédiatement et que je ne vous avertirai plus ; alors gardez cela à l'esprit et soyez sage.

Puis il glissa un de ses revolvers dans la poche de son manteau.

L'autre arme couvrant constamment ses victimes, sans les quitter des yeux, il s'accroupit lentement et tâtonna sur le sol jusqu'à ce qu'il ait récupéré le butin qui s'y trouvait, qu'il laissa également tomber dans sa poche.

Puis il se releva et dégaina son autre arme.

Nick priait mentalement pour avoir l'occasion de tirer une seule fois sur le fripon lorsqu'il a eu recours à la fuite.

La fuite du coquin, cependant, était aussi originale et inattendue que tous ses autres mouvements.

« Maintenant, Grady, dit-il avec une austérité menaçante, tu fais exactement ce que je te dis, ni plus ni moins.

« Bégorra ! on dirait que je devrais le faire.

"Vous pariez que vous le ferez!"

"Qu'est-ce que c'est?"

« Vous démarrez votre machine lentement et vous la transformez en arbustes de ce côté de la route. »

"Comment vais-je commencer avec les mains en l'air", grogna Grady, qui avait vraiment vu le désir de Nick de retarder les choses.

La voix du bandit reprit ce ton vicieux qui avait averti Nick de ne pas s'opposer à lui sur-le-champ.

« Ne parle plus, Grady, ou cette arme étoufferait le son de ta voix », cria-t-il rapidement. « Démarrez cette machine et transformez-la en arbustes – et n'oubliez pas, ni l'un ni l'autre, que je vous garderai constamment couvert. Démarrez-la, Grady, et quittez brusquement la route ! »

Avec un air renfrogné des plus laids, Grady agrippa le volant et démarra lentement le runabout, se tournant vers les arbustes qui bordaient la route dans cette localité.

Cependant, juste au moment où l'Irlandais faisait cela, le klaxon d'une automobile retentit soudain du haut de la route.

« Debout ! – pas un mouvement ! » » a crié le voleur pour l'avertir. « Si vous baissez les bras, monsieur, je tire ! »

Nick ne pouvait alors pas voir le scélérat, car il s'était précipité en arrière du runabout lorsque Grady l'avait détourné de la route.

Cependant, jetant un coup d'œil rapide dans la direction d'où le klaxon avait retenti, Nick aperçut maintenant une grande voiture de tourisme qui arrivait en tournant dans un virage serré de la route, à une trentaine de mètres de là.

Elle était conduite par un homme barbu, qui était le seul occupant de la voiture, et dont les yeux et les traits étaient presque entièrement masqués par une paire d'énormes lunettes anti-poussière.

Nick croyait maintenant entrevoir une issue favorable à ce braquage inattendu, car la voiture de tourisme approchait à grande vitesse et la fuite du voleur paraissait presque impossible.

Pourtant ce dernier, tout en réitérant ses ordres menaçants, ne recula que de quelques pas vers le milieu de la route.


L'homme dans la voiture qui approchait a visiblement vu ce qui se passait et il a commencé à ralentir.

L'arrière du runabout était désormais tourné vers la route, la machine étant à moitié cachée dans les buissons.

"Arrête-la!" murmura Nick, n'osant pas encore se retourner sur le siège. "Arrêtez-la immédiatement!"

Il ne souhaitait pas s'éloigner trop de la route.

Grady avait l'impression qu'il prenait sa vie en main, mais il a immédiatement obéi.

Aussitôt, deux coups de revolver retentirent dans l'air du matin.

Aux détonations furent suivies d'autres, presque aussi bruyantes, provoquées par l'éclatement des deux pneus arrière du runabout.

Le bandit avait envoyé une balle dans chaque pneu en caoutchouc, visiblement déterminé à neutraliser en partie le runabout et à empêcher ainsi sa poursuite.

Puis, juste au moment où l'énorme voiture de tourisme arrivait sur les lieux, l'audacieux coquin recula à travers le voile de fumée de ses armes et sauta à bord de la voiture.

"Laissez-la partir!" » cria-t-il avec commandement.

Le conducteur lui donna instantanément toute la vitesse et la voiture poursuivit sa route avec la vitesse d'un train express.

Déjà debout dans le runabout, Nick Carter a sorti son revolver et a tiré deux fois sur les occupants de la voiture qui partait. Son objectif a cependant été gâché par Grady, qui a commencé avec enthousiasme à reculer le runabout sur la route, et les balles de Nick sont passées loin de leur cible.

En dix secondes, la voiture de tourisme disparaissait dans un nuage de poussière au détour d'un virage lointain.

"Attendez!" rugit Grady, pensant que Nick était sur le point de se poser sur la route. "Je les suivrai , diables , monsieur, pneus ou pas de pneus!"

"Ne suivez rien!" grogna Nick en remettant son revolver dans sa poche. "Autant essayer de suivre un éclair."

"Voulez-vous laisser ce voyou s'échapper ?"

"Laissez-le s'échapper!" s'exclama Nick avec dérision. « Je dois dire, Grady, qu'il s'est déjà échappé. Vous ne pourriez pas le rattraper avec cette machine si votre vie en dépendait.

« Bedad, c'est vrai, monsieur », admit maintenant Grady, plus calmement. « Pourtant, l'homme dans cette voiture pourrait essayer de faire ce coquin... »

"Étalages!" interrompit Nick avec un grognement. "Le conducteur de cette voiture était un complice du voleur."

« Vous le pensez ? »

"Je le sais, Grady", déclara Nick, voyant maintenant clairement comment l'ensemble du travail, qui avait pris moins de cinq minutes, avait été planifié et exécuté.

"Je m'en doutais lorsque l'homme a ralenti juste assez pour laisser l'escroc monter à bord", a ajouté Nick. «Son approche était chronométrée. Il y a fort à parier qu'il observait le braquage de l'autre côté de la route et qu'il savait exactement à quel moment l'autre voulait qu'il s'approche.

"Bedad, monsieur, je pense que vous avez raison."

"Oh, c'est bien pire pour le moment, Grady, et nous avons été retenus par deux des gangs d'escrocs qui travaillent actuellement dans ces régions", a ajouté Nick. "Mais je parviendrai encore à atteindre le seuil de rentabilité avec eux, je vous en donne ma parole."

"Mes pneus———"

"Je veillerai à ce que vous soyez payés pour cela", interrompit Nick, à la grande satisfaction de Grady. « Pouvez-vous ramener la machine en ville telle quelle ? »

"Bien sûr, monsieur, je peux."

"Eh bien, je ne souhaite pas encore revenir."

"Très bien Monsieur."

"Continuez, Grady, et emmenez-moi chez Badger", ordonna brusquement Nick . « Ayez l'air vif aussi ! Cela règle la question, Grady, en ce qui me concerne.

« Que voulez-vous dire, monsieur ?

« Je veux dire que je vais arrêter cette bande de voleurs de grands chemins, tous hommes et toutes femmes, ou perdre une jambe dans cette tentative », s'écria Nick, pensant alors à la demande du chef Weston. « C'est ce que je veux dire, Grady. Laissez-la partir vivement, mon homme, et dirigez-vous droit vers la maison d'Amos Badger.

# CHAPITRE V.
# LA MAISON DE LAUREL ROAD.

La direction prise par Nick Carter et Grady pour atteindre Laurel Road et la maison d'Amos Badger était la même que celle dans laquelle le bandit s'était enfui avec son complice dans la voiture de tourisme.

Nick ressentit un peu de chagrin d'avoir ainsi été retenu et volé avec succès, mais ce sentiment fut quelque peu apaisé par le fait qu'il avait bien observé le voleur et qu'il avait eu une impression claire de ses traits généraux.

Nick était sûr, malgré le déguisement du coquin, qu'il pourrait l'identifier s'ils se rencontraient à nouveau, ou, du moins, reconnaître ses yeux particulièrement perçants et sa voix tranchante.

Bien que cela ne lui ait pas surpris, la distance jusqu'à Laurel Road, depuis le lieu du braquage, était inférieure à un quart de mile, puis à peu près à la même distance jusqu'à l'endroit possédé et occupé par M. Amos Badger.

Les environs étaient à peu près tels que l'avait indiqué le chef Weston.

La route traversait l'extrême périphérie de la ville et était en grande partie entourée de bois, défrichés seulement çà et là pour la construction.

Il n'y avait que trois habitations sur cette route isolée, dont aucune n'était en vue de la maison de Badger, moins moderne et beaucoup plus vaste que les autres, comme s'il s'agissait d'une propriété familiale depuis plusieurs générations.

Nick examinait les lieux avec un certain intérêt alors qu'il s'en approchait.

La maison était une grande demeure en bois située à cinquante mètres de la route. Elle possédait une large véranda devant et sur un côté, cette dernière se terminant par une porte cochère à l'entrée latérale de la maison.

Une allée de gravier entre une double rangée d'ormes et de hêtres partait de la route, passait devant et sur un côté de la maison, puis menait à un grand puits d'écurie à l'arrière de la maison.

À cela s'ajoutaient plusieurs dépendances en bois, dont une longue remise attenante à l'écurie.

Les caractéristiques mentionnées, ainsi que le vaste domaine couvert de parcelles de jardin et d'arbres d'ombrage, avec un fond de bois à proximité, donnaient à l'ensemble du lieu un aspect rural rarement vu aussi près d'une grande ville densément peuplée.

Alors que le runabout accélérait dans la longue allée, Nick aperçut un homme en train de nettoyer une grosse automobile juste au-delà de la porte cochère ; mais le véhicule ne ressemblait en rien à celui dans lequel les malfrats s'étaient enfuis, et la circonstance ne lui paraissait alors pas particulièrement significative.

« Courez vers l'entrée latérale, Grady », dit-il. "Je vais demander à cet ouvrier qui est à la maison."

Grady hocha la tête et arrêta bientôt le runabout sous la porte cochère .

Nick sauta rapidement et s'approcha de l'homme qui travaillait à proximité. Mais au lieu de s'enquérir des pensionnaires de la maison, Nick demanda brusquement :

"Avez-vous vu une automobile passer le long de Laurel Road, mon homme?"

Mon homme était un certain Jerry Conley, chauffeur, valet de chambre et ouvrier polyvalent pour M. Amos Badger. C'était un homme petit et trapu, d'une trentaine d'années environ, avec une tête presque ronde comme une balle. Son visage était parfaitement rasé et était éclairé par une paire d'yeux aussi sournois et astucieux que ceux qui éclairaient jamais un visage humain.

Ils se tournèrent avec un demi-regard pour rencontrer ceux du détective, tandis que l'homme se levait de son travail sur la voiture. S'essuyant les mains sur sa salopette, il se laissa aller à une série de hochements de tête saccadés, tout en regardant Nick sans arrêt, puis demanda délibérément :

"Qu'est-ce que tu dis?"

"Je vous ai demandé si vous aviez vu une automobile passer sur Laurel Road", répondit Nick, n'aimant pas à moitié l'apparence du type.

"Oui, je l'ai fait", a déclaré Conley.

« Dans quelle direction est-ce allé ? »

« De quoi parlez -vous ? »

"Lequel?" répéta Nick en jetant un regard aigu à l'homme. "Je veux dire celui qui a pu s'écouler en cinq ou dix minutes."

Cela faisait alors moins de dix minutes depuis le vol.

"Oh, si c'est ce que vous voulez dire, monsieur, je n'en ai pas vu", se porte maintenant garant de Conley, avec un examen moins constant du visage de Nick.

"Ce n'est pas le cas, hein?"

"Pas aujourd'hui."

"Pensez-vous que je parlais de la semaine dernière?"

"Je n'ai pas réfléchi du tout, monsieur", a déclaré Conley en se baissant pour ramasser un peu de déchets de coton sur le sol. « J'ai seulement entendu ce que vous m'aviez demandé, à savoir si j'avais vu une automobile passer le long de Laurel Road. J'en ai vu des centaines , monsieur , mais aucun ce matin.

"Tu aurais dû savoir ce que je voulais dire ce matin."

" Alors je le ferais, monsieur, si vous l'aviez dit ce matin," répondit Conley avec un regard moqueur. "Je n'en sais jamais plus et je suis payé pour savoir."

"Regarde ici, mon homme," dit Nick assez sévèrement. « Si le maître que vous servez porte le même type de foc que vous, il y a de fortes chances qu'il... »

Cependant, ce que Nick aurait pu dire de plus fut brusquement retenu, car son oreille attentive entendit la porte latérale de la maison s'ouvrir, puis le chute des pieds d'un homme sur la véranda, suivi de l'interrogation :

"Quel est le problème, Jerry?"

"Aucun du tout, monsieur", répondit Conley en se tournant avec un sourire vers son interlocuteur. "Pas à moins que ce monsieur cherche des ennuis, ce qui, je pense, n'est pas le cas."

Nick s'était déjà retourné pour examiner le premier orateur, dont il supposait à juste titre qu'il pourrait s'agir de M. Amos Badger, alors qu'il était alors une heure où un agent de change aurait dû être occupé au marché.

Il se tenait près de la balustrade de la véranda, un homme d'une quarantaine d'années, droit et bien bâti, bien rasé, avec des cheveux et des yeux noirs, ces derniers éclairant un visage plutôt attrayant mais visiblement fort et déterminé.

Il portait des pantoufles et portait une veste de laine façonnée, tandis que son cou était bandé de plusieurs épaisseurs de flanelle rouge, comme s'il souffrait d'un mal de gorge ou d'un rhume. Cela était encore plus évident dans sa voix rauque lorsqu'il s'adressait à Conley, mais son regard était toujours fixé sur le détective.

Nick reprit aussitôt la remarque du chauffeur en disant, avec un petit rire :

« Non, je ne cherche pas spécialement les ennuis. J'en ai assez pour une journée.

"Assez d'ennuis?" » s'enquit Badger, avec un air émerveillé par ce que voulait dire Nick.

– C'est bien assez, monsieur, et cela coûte cher. Je sors une montre et une chaîne de valeur, ainsi que l'argent que j'avais sur moi.

"Pas volé?"

"C'est quoi," acquiesça Nick. « Retenus par les escrocs qui font un travail si coquin dans ces régions. Mais le jour du jugement viendra, monsieur, vous pourrez parier toute votre fortune là-dessus.

Il y eut une lueur momentanée de ressentiment dans les yeux sombres de Badger, toujours fixés sur le visage de Nick.


« Qu'est-ce qui vous a envoyé ici si rapidement après avoir été volé ? » » demanda-t-il avec une inflexion sinistre. « Vous attendiez-vous à trouver les voleurs dans ma maison ?

"Oh non, pas du tout."

« Ou es-tu venu me présenter mes condoléances pour un incident pareil, puisque la misère aime la compagnie ? Le quartier général de la police est, devrais-je dire, l'endroit approprié pour que vous vous y rendiez en toute hâte.

"Je viens juste de là", répondit Nick un peu sèchement.

"Ah, c'est différent."

"J'ai simplement demandé à cet homme s'il avait vu passer une automobile", ajouta Nick en s'approchant maintenant des marches de la véranda. « En fait, monsieur, j'étais en route vers cette maison lorsque j'ai été retenu par les escrocs. Est-ce que Mme Badger est à la maison ce matin, ou son mari ?

"Les deux sont à la maison."

"Ah, très bien!" s'exclama Nick.

"Je suis M. Badger."

"Je voudrais un bref entretien avec vous et votre femme."

« À propos de quoi ?

"Le récent vol dont votre femme a été victime."

« Êtes-vous journaliste ?

"Je suis détective."

«De Pemberton Square?»

"De New York", répondit Nick. " Pourtant, je viens du bureau du chef Weston, à Boston, et à sa demande, je me chargerai de traquer la bande de voleurs qui sont à l'œuvre dans cette section. "

Même si un sourire dubitatif dessinait les lèvres fines et fermes de Badger à cette annonce confiante, il fit aussitôt preuve de plus de cordialité lorsque Nick lui exprima sa vocation.

« J'espère que vous réussirez, officier, dit-il de la même voix rauque. « Entrez dans la maison. De New York, vous avez dit ?

"Oui", répondit Nick en entrant. "Tu peux m'attendre, Grady."

« Très bien, monsieur », cria Grady depuis son siège dans le runabout.

« Quel nom, officier ? » demanda Badger.

"Je m'appelle Carter."

"Pas Nick Carter?"

"Le même."

Badger parut surpris, observa Nick, et ses yeux s'illuminèrent. Il tendit rapidement la main, disant chaleureusement, d'une voix sifflante :

« Eh bien, eh bien, je suis heureux de vous rencontrer, détective Carter, et d'apprendre que vous envisagez de vous en prendre à ces voleurs de grands chemins. Je vous connais de réputation, monsieur, et je suis convaincu que vous accomplirez plus que ce que fait la meute de métis de Weston. En vérité, si vous ne le faites pas, vous n'accomplirez que très peu de choses. »

La dernière chose fut dite avec un ricanement sourd qui tomba désagréablement aux oreilles de Nick. Il décida cependant que Badger était probablement agacé par l'échec des détectives de Boston à récupérer les biens dont sa femme avait été volée, et Nick ne pensait plus à cette question à ce moment-là.

Alors qu'il suivait l'homme dans la bibliothèque joliment meublée, des fenêtres de laquelle on pouvait voir l'écurie et l'allée, Nick répondit agréablement :

« On me dit qu'il n'y a pas beaucoup de progrès contre ces voleurs de route ?

"Aucun du tout, M. Carter, que je puisse découvrir", répondit Badger avec un haussement d'épaules dédaigneux. «Voici ma femme, monsieur.

Claudia, voici le détective Carter, de New York, envoyé ici par le chef Weston pour enquêter sur le vol. Ma femme, M. Carter.

À la lumière de ce que le chef Weston lui avait dit à son sujet, Nick observa la femme avec un intérêt plus que superficiel.

Bien qu'elle n'eût plus que trente ans, elle gardait encore dans son visage et dans sa silhouette l'essentiel de la beauté et de la fraîcheur de la jeunesse. Elle était brune, comme son mari, et de taille plutôt moyenne, avec une silhouette immédiatement remarquable par sa grâce et sa souplesse. Elle avait des traits nets, une bouche et un menton fermes, avec une mâchoire carrée qui indiquait clairement plus qu'une force féminine ordinaire.

Elle rencontra Nick avec un éclair vif de ses yeux sombres et dit agréablement, tandis qu'ils se serraient la main :

« Je suis heureux de vous voir, détective Carter. J'espère cependant que vous excuserez l'apparence de mon mari, car il a une allure affreuse avec ces flanelles rouges autour du cou. Un mal de gorge l'a confiné à la maison pendant plusieurs jours, et il insiste sur le fait que seuls des bandages de flanelle rouge peuvent guérir...

"Oh, peu importe mon apparence, Claudia", interrompit Badger avec irritation. "M. Carter peut supporter mon apparence, j'en suis sûr, et il a probablement des affaires plus importantes que celle de discuter des vertus curatives des bandages de flanelle rouge.

"Aucune excuse n'est nécessaire, Mme Badger, je vous l'assure", sourit Nick en acceptant une chaise. "J'avais quelques affaires avec vous en partant ce matin, mais je ne considère plus cela comme important."

"Comment c'est?" » demanda Badger, avec une lueur furtive de méfiance dans ses yeux vigilants.

"Cela a perdu l'élément d'importance", a ri Nick. « J'avais l'intention de vous interroger de près sur l'apparence personnelle des coquins par lesquels vous avez été volée, Mme Badger, mais comme j'ai maintenant vu l'un d'eux moi-même, je n'ai pas besoin de me renseigner. Je n'ai aucun doute que le coquin que j'ai rencontré était le même par qui vous avez été volé.

« Vous ne voulez pas dire que vous aussi avez été volé ? s'exclama Claudia avec un visage reflétant un profond étonnement.

"Exactement", acquiesça Nick.

"Quand?"

"Ce matin."

"En route ici?"

"Oui."

"Bien bien! Où vont ces routes de banlieue, Amos ? s'écria la femme, tout à fait consternée. « Il ne sera bientôt plus sécuritaire de s'aventurer même dans la cour de devant. »

"Je te crois", dit Badger avec un grognement sifflant. « J'espère, M. Carter, que vous accomplirez quelque chose. Que comptez-vous faire pour arrêter ces canailles ?

Nick rit et secoua la tête.

«C'est une question à laquelle il est difficile pour moi de répondre à l'heure actuelle», a-t-il déclaré. "Je dois d'abord découvrir un indice avec lequel commencer, un fil suffisamment solide pour être suivi, et qui pourrait éventuellement conduire à l'identification des fripons et à l'endroit où ils se trouvent."

"Avez-vous une telle idée à l'heure actuelle?" » demanda Mme Badger, avec un sourire et un regard bien calculés pour inviter une réplique franche.

"Pas le moindre."

"C'est dommage."

"Reste", ajouta Nick, comme après coup. "Je crois que j'ai quelque chose qui peut s'avérer utile."

"Assez bien!" s'exclama Badger, les yeux dilatés curieusement. « En quoi cela consiste-t-il, M. Carter ? »

Nick fouillait alors dans sa poche de poitrine et ne remarqua pas l'intérêt accru de l'orateur, qui n'avait pas été trahi par sa voix rauque.

"Une photographie", répondit-il en la produisant. "Celui que vous avez pris, Mme Badger, au moment où vous avez été volée."

"Oh, vous vous trompez, détective Carter," s'exclama rapidement Claudia.

"Une erreur?"

"Je n'ai pris aucune photo, monsieur."

"Encore--"

"Il a été pris par ma sœur, Miss Clayton", interrompit Mme Badger. «Cher moi, je n'aurais pas pu faire ça de ma vie. J'étais tellement perturbé par cet épisode terrible et par la vue du revolver du voleur que je n'avais aucun pouvoir pour voir ou faire autre chose que ce qu'il ordonnait.

« Pourtant, l'une d'elles était une femme », sourit Nick.

"Je l'admets, monsieur, mais elle avait un revolver, et la simple vue d'une arme m'a toujours terrifiée", expliqua Claudia en frissonnant.

« Vous étiez bien sûr que c'était une femme ? demanda Nick.

"Bien sûr."

"Que ce n'était pas un homme vêtu d'habits de femme?"

« Oh, absolument. Sa voix m'aurait convaincu de son sexe.

"Une voix peut être assumée."

"Pourtant, je suis certain d'avoir raison."

« Elle était épaissement voilée, je comprends ?

"Vrai."

"Alors tu n'as pas vu son visage?"

"Je n'ai pas."

"Sa silhouette, comme on le voit sur la photo, semble très grande, trop grande pour une femme", a insisté Nick.

"Néanmoins, détective Carter, je suis certaine qu'elle était une femme et non un homme en tenue féminine", a déclaré Mme Badger avec emphase. « Non seulement ses vêtements et sa voix le prouvent clairement, mais j'ai aussi remarqué ses mains. Ils étaient trop minces, blancs et bien formés pour les mains d'un homme.

Nick rit maintenant légèrement, remarquant, sur un ton plaisantin, sans alors attribuer de poids sérieux à ses paroles :

« Ce dernier point, Mme Badger, est capital. Pourtant, je dois observer que, pour quelqu'un qui était trop terrifié à ce moment-là pour dire ou faire autre chose qu'obéir aux ordres de ce couple d'escrocs, vous avez remarqué certains détails assez délicats. Des petites mains, hein ? Eh bien, je pense que vous avez probablement raison.

Une vague de pourpre s'était élevée sur le visage de Mme Badger, tandis que sur celui de son mari un froncement de sourcils plus sombre s'installait.

« Je n'ai remarqué les mains de cette femme, détective Carter, que parce qu'elle tenait dans l'une d'elles le revolver qui m'effrayait tant et dont je pouvais à peine détourner mes yeux. Naturellement, j'ai alors remarqué la main qui le tenait.

Nick se demandait vaguement pourquoi elle avait pris la peine de donner cette explication, car il ne lui semblait pas y avoir de raison particulière pour cela ; et avant de pouvoir formuler une réponse, Badger demanda d'une voix rauque, avec une sinistre curiosité :

« Pourquoi insistez-vous sur des questions comme celles-ci, détective Carter ? Je ne vois pas qu'ils signifient quelque chose de très important.

"Cette question de sexe est très importante pour moi, M. Badger", répondit Nick avec un rire discret.

"Pourquoi?"

"Parce que je pourrai tôt ou tard procéder beaucoup plus intelligemment si je sais avec certitude que cette bande d'escrocs est composée uniquement d'hommes, dont un ou plusieurs se font parfois passer pour une femme."

"Il y a quelque chose là-dedans", a admis Badger.

« Les femmes voleurs de grand chemin ne sont pas courantes de nos jours », a ajouté Nick avec insistance ; " et j'ai du mal à croire aux preuves présentées dans cette photographie, malgré la confiance très naturelle de votre femme dans la fiabilité de ses propres yeux. "

"Je ne m'en étonne pas beaucoup", rit maintenant Badger avec indifférence.

« Ce n'est pas du tout important qui a pris la photo », a poursuivi Nick. «Je crois comprendre que Miss Clayton a un bureau en ville. Je pense que je vais lui rendre visite ce matin, dans l'espoir qu'elle ait vu quelque chose d'intéressant au moment du vol. Ai-je des chances de la retrouver à cette heure ?

"Oui, sûrement", s'exclama Mme Badger en se levant. "Si vous attendez juste un instant, détective Carter, je vais vous donner sa carte de visite."

"S'il vous plaît."

"Vous n'aurez alors aucune difficulté à trouver ses chambres."

Nick s'inclina, puis se leva et prit son chapeau sur la table.

Badger et sa femme l'accompagnèrent jusqu'à la porte, ce dernier lui donnant la carte mentionnée, et le premier remarquant, alors que Nick descendait les marches et entrait dans le runabout :

« J'espère que vous m'informerez, M. Carter, si vous obtenez un indice fiable sur l'identité de ces coquins. Si je puis vous aider de quelque manière que ce soit, je vous prie de me le commander.

"Merci", répondit Nick en faisant signe à Grady de démarrer la machine. "J'en garderai cela à l'esprit, M. Badger."

Tandis qu'il descendait l' allée , il lut la carte qu'il tenait toujours à la main, mais le nom de Miss Clayton n'y figurait pas.

C'était la carte de... Madame Victoria.

Il donnait la rue et le numéro de sa suite et annonçait qu'elle était astrologue, impressionniste et médium spiritualiste. Il déclarait en outre qu'elle pouvait prédire l'avenir d'une personne du berceau à la tombe, qu'elle pouvait être consultée avec profit pour obtenir des informations concernant des amis décédés, des objets perdus, des parents et héritiers disparus, ou pour des conseils en matière d'affaires, d'amour et tout. concernant le bien-être personnel.

Nick lut la carte deux fois avec un intérêt considérable.

« Toute une série de réalisations ! » se dit-il sombrement. « Je me demande pourquoi elle ne retrouve pas la propriété dont elle a été volée. La femme est évidemment un charlatan, un prétendant, qui s'impose aux imbéciles crédules et faibles d'esprit pour obtenir leur argent.

« Madame Victoria, hein ? Eh bien, je vais maintenant vous appeler, madame, et éventuellement un rappel ! Je parie que je prends les moyens de vous tromper et de vous dénoncer ! »

Telle fut l'orientation des pensées de Nick après avoir lu la carte de Madame Victoria, chez laquelle il se rendit ensuite.

Cependant, sans la moindre confiance dans les prétendus pouvoirs de cette femme, Nick approchait de l'une des expériences les plus étranges et surprenantes de sa carrière mouvementée.

# CHAPITRE VI.
# MADAME VICTORIA.

Il était presque midi lorsque Nick Carter, après avoir renvoyé Grady, entra dans le bel immeuble de granit de Tremont Street dans lequel se trouvaient les appartements de Madame Victoria.

En ce qui concerne ses prétentions à prédire l'avenir, ainsi que ses autres pouvoirs présumés, Nick était moralement sûr que cette femme était une imposteur. Pourtant, il décida de ne prendre aucun risque qu'elle l'ait déjà vu et qu'elle se souvienne de son visage, et dans le couloir du bâtiment, il ajusta soigneusement un déguisement simple mais efficace.

Ce faisant, il avait cependant un double objectif ; celui d'avoir d'abord un aperçu des affaires de Madame Victoria et de ses prétendues dotations occultes, simplement pour satisfaire sa propre curiosité ; et, deuxièmement, celui de pouvoir ensuite revenir l'interroger sur le vol sans qu'elle se doute de sa première visite.

« En tout cas, j'aurai le meilleur d'elle », se dit-il en ajustant son déguisement. « Si elle est aussi intelligente qu'elle le prétend, elle devrait être capable de voir clair. Pourtant je parie qu'elle ne fait rien de tel.

Dans le couloir du deuxième étage se trouvait une porte portant le nom de Madame Victoria en lettres dorées, et Nick entra sans ménagement.

Il se retrouva dans une salle d'attente richement meublée, avec des fenêtres donnant sur le Boston Common. La moquette était en velours. Les meubles étaient recouverts de peluches richement sculptées. Il y avait de fines tentures de dentelle aux fenêtres, et les murs étaient tendus de peintures de choix, tandis que divers ornements d'une sorte ou d'une autre ajoutaient à la décoration du lieu.

Nick a décidé que le chef Weston avait raison de dire que cette femme faisait un commerce lucratif.

D'une chaise près de la fenêtre, une jeune fille se leva rapidement, déposant un roman, et Nick demanda si Madame Victoria était là.

"Oui, monsieur, mais elle vient de se fiancer", dit la jeune fille. "Mais elle sera libre dans quelques minutes."

"J'attendrai", dit Nick laconiquement.

« Prenez une chaise, monsieur. Si vous me donnez votre carte, monsieur, je la porterai à madame Victoria dès le départ de son visiteur, et je saurai si elle vous donnera rendez-vous à cette heure. Il est presque son heure de déjeuner.

Nick n'a pas discuté de la question. Il remit à la jeune fille une carte portant un nom fictif, et il en reçut toujours plusieurs.

Bientôt, une femme d'âge moyen, richement vêtue, sortit d'une pièce intérieure, s'essuyant les yeux avec son mouchoir. Cependant, elle partit précipitamment après avoir regardé son chapeau et ses cheveux dans le miroir.

« Elle a dû avoir des nouvelles d'un mort », pensa Nick avec une sombre dérision. « Soit cela, soit on lui prédit une calamité infernale. J'ai de la chance si je ne suis pas un peu curieux de savoir ce que je vais y trouver. Peut-être que je vais le recevoir dans le cou.

Il n'eut pas longtemps à attendre, car la servante lui annonça aussitôt que Madame Victoria le recevrait dans la chambre intérieure.

Nick laissa son chapeau sur la table et entra.

À première vue, la vue à l'intérieur était surprenante.

L'unique fenêtre de la pièce intérieure était recouverte de lourds rideaux noirs, excluant tout rayon de lumière du jour. Cependant, au-dessus d'une petite table carrée au milieu du sol, brûlaient deux lumières électriques enveloppées dans des globes verts, dont les rayons projetaient une lumière étrange et inquiétante dans toute la pièce.

Aux murs étaient accrochés de nombreuses cartes astrologiques, un certain nombre d'horoscopes d'hommes célèbres, établis avec plus de précision après la mort qu'avant ; et avec ceux-ci se trouvaient divers dispositifs et insignes, dont Nick ignorait totalement la signification et l'objet.

Sur un support près de la table se trouvaient plusieurs paquets de cartes à jouer, probablement pour la bonne aventure, sinon pour un autre divertissement.

À d'autres égards, la pièce était bien meublée, avec une bibliothèque contre un mur, un canapé en face et plusieurs chaises petites mais coûteuses.


Mais ce qui surprenait Nick le plus, c'était moins l'apparence curieuse de la pièce que celle de son hôte solitaire.

Madame Victoria était assise à table, une femme de moins de trente ans, grande de taille, sans être corpulente, un visage joli et sûr de lui, et une abondance de cheveux brun-roux coiffés dans un désordre pittoresque. Elle était vêtue d'une longue robe violette, ornée de petites étoiles argentées, accompagnées ici et là d'un croissant de lune, le tout évoquant vaguement un ciel de minuit. Le vêtement était volumineux, couvrant entièrement sa taille et ses jupes.

Des manches larges et amples, contrastant vivement avec le riche violet foncé, dépassaient une paire de bras et de mains nus et galbés ; Pourtant, la lumière verte de la pièce leur donnait, ainsi que le visage de la femme, relevé lorsque Nick entra, une pâleur désagréable et mortelle.

Son premier regard fut sur la main gauche de Nick, sur un précieux anneau d'anthrax au troisième doigt, puis ses yeux se levèrent vers son visage tandis qu'elle s'écria brusquement, avec un curieux mélange de vivacité et de surprise :

"Cher moi! Oh, mon Dieu, quel sentiment étrange, M. Sibley. J'ai l'impression que deux hommes étaient entrés dans cette pièce.

Nick était un peu surpris.

Sibley était le nom figurant sur la carte qu'il avait envoyée, et la remarque immédiate de la femme, à la lumière du déguisement de Nick, était pour le moins un peu étrange.

« Deux hommes, hein ? dit Nick d'un ton interrogateur. "Eh bien, je suis bien seule, madame, je vous l'assure."

Madame Victoria se frappa violemment le front avec sa paume à plusieurs reprises, puis secoua la tête, comme si elle voulait en secouer quelques-unes de ses idées, et enfin s'écria avec une perplexité évidente :

«Eh bien, c'est assez extraordinaire. Je n'ai jamais eu une sensation aussi étrange. Je suis impressionné exactement comme si deux hommes étaient entrés dans la pièce.

"Imprimé?"

"Prenez une chaise, monsieur", sourit très gracieusement Madame Victoria. "Vous devez comprendre, M. Sibley, que je suis ce que j'appelle un impressionniste."

"J'entends et je connais le sens du mot", rit Nick, avec une curiosité encore plus piquée, "mais je ne peux pas dire que je comprends parfaitement."

Madame Victoria haussait ses belles épaules et le regardait d'un air malicieux sous ses sourcils relevés.

"Ah, eh bien, cela n'a rien d'étonnant, M. Sibley," répondit-elle aimablement. « Très peu de gens comprennent la véritable nature et la source de leurs propres impressions, sans parler de celles des autres. »

«C'est bien vrai, madame», acquiesça Nick en s'inclinant.

– En fait, monsieur, je ne peux pas dire que je comprends même les miennes, ajouta la femme avec une jolie démonstration de franchise. «Ils sont parfois si frappants, mais semblent souvent si totalement improbables, que j'hésite souvent à les exprimer. C'est ce que j'aurais dû ressentir dans ce cas, M. Sibley, et je doute que j'aurais dit ce que j'ai fait, monsieur, si cela n'était pas venu de moi tout à fait involontairement et avant de pouvoir le réprimer. Bien sûr, monsieur, je vois que vous êtes entièrement seul.

"Tu m'intéresses", sourit Nick, déterminé à la guider. « Puis-je vous demander quelles sont vos impressions actuelles ? »

Madame Victoria s'avança sur sa chaise et posa ses jolis bras sur la table. Son visage redevint grave, et une fois de plus ses yeux s'attardèrent brièvement sur la bague au doigt de Nick, mais d'une manière distraite qui n'attira pas son attention.

Après quelques instants, pendant lesquels elle parut céder à quelque influence extérieure, elle leva les yeux vers lui et dit :

« Il y a quelque chose chez vous, monsieur, que je ne peux vraiment pas expliquer. Je ne peux pas me débarrasser ici de cette impression de double personnalité. Je vais essayer de le comprendre, monsieur Sibley, si vous voulez être patient.


"Prenez votre temps, madame", dit Nick en lui souriant de l'autre côté de la table.

Madame Victoria hochait la tête et riait, montrant ses dents blanches et faisant apparaître une charmante fossette sur chaque joue veloutée.

« Comme vous le savez probablement, M. Sibley, dit-elle, les gens viennent ici pour divers objets. Certains m'appellent pour faire dresser leur horoscope, d'autres pour avoir un médium avec moi dans l'espoir de recevoir des communications d'amis décédés, tandis que d'autres encore m'appellent pour me consulter sur des affaires et des amours, ou pour me faire prédire leur avenir par les cartes.

" Alors j'ai imaginé", s'inclina Nick.

— Mais vous n'êtes venu pour rien de tout cela, c'est mon impression, s'écria Mme Victoria avec une brusque démonstration de sérieux.

"C'est tout à fait exact."

"Vous n'avez aucune confiance en aucune de ces choses."

"C'est également vrai."

"Cher moi, je suis terriblement perplexe", rit la femme, apparemment avec de vains efforts pour mettre de l'ordre dans son esprit. « Vous me paraissez comme deux hommes, ce qui, bien sûr, est absurde. Pourtant, je ne peux pas me débarrasser des effets de cette impression. Cependant, je ferai tout ce que je peux pour vous et je vous donnerai ce qui me revient.

"S'il vous plaît, madame", dit Nick, pas peu impressionné et perplexe par ses curieuses déclarations et ses efforts apparemment authentiques.

De nouveau, Madame Victoria se frappa le front avec sa paume, si violemment que Nick ne s'étonna pas que ses cheveux fussent quelque peu en désordre.

Alors qu'elle fixait soudain ses yeux sur lui, il remarqua qu'ils commençaient à se dilater et à briller avec un éclat presque surnaturel, tandis qu'elle s'écria brusquement, comme sous l'impulsion d'une autre de ses vives impressions :

« Vous avez récemment été en danger, M. Sibley, en grand danger !

"Est-ce votre impression actuelle?" demanda Nick.

"Oui Monsieur. Cela doit être exact aussi, sinon je ne pourrais pas le ressentir aussi fortement.

"Allez, madame."

"Vous êtes un homme qui rencontre de nombreux dangers", continua Madame Victoria, parlant maintenant beaucoup plus rapidement et avec beaucoup plus de sérieux. "Votre vie est faite d'aventures passionnantes et de périls fréquents."

"C'est tout à fait vrai", a admis Nick.

"Je te vois chasser, chasser, chasser !" s'écria la femme avec une véhémence contenue. "Je ne sais pas ce que cela signifie, monsieur, mais vous semblez constamment chasser, rechercher des personnes et des choses, et vous plonger dans toutes sortes de mystères compliqués."

"Bien bien! cela atteint assez près de la cible », a ri Nick.

"Oh cher! et je vous vois tous entourés d'une atmosphère rouge, comme si vous n'étiez pas étrangers aux combats violents et à la vue du sang.

"J'ai vu ma part des deux."

« Oui, oui, cela est clair pour moi, très clair », reprit-elle rapidement. « Vous êtes un homme occupé, et vous… attendez ! Je suis maintenant emporté d'ici. J'ai l'impression de voyager dans un train. Je n'interprète pas encore vraiment cette impression, mais je sens… oh, maintenant je l'ai ! Votre place n'est pas ici, monsieur, ni dans cette ville. Vous êtes un étranger ici.

"Eh bien, pas exactement ça", répondit Nick, de plus en plus intrigué par la précision avec laquelle elle frappait juste.

«Je ne veux pas dire que vous n'êtes jamais venu ici et que vous ne connaissez pas cette ville», s'écria vivement Madame Victoria. « Je veux seulement dire que vos affaires ne sont pas ici, que vos intérêts sont dans un endroit lointain. N'est- ce pas vrai ?

"Presque."

"Je savais que c'était le cas."

"Comment le saviez-vous?"


"À cause de mon impression, celle d'être emportée dans les voitures", a expliqué la femme. "Je l'obtiens probablement de vous, monsieur, car je suis sensible à toutes les conditions entourant ceux qui viennent ici pour me consulter."

"C'est assez mystérieux."

"Tant de gens pensent."

"Comment l'expliquez-vous?"

«Je ne l'explique pas. Je sais seulement qu'il en est ainsi.

"Encore--"

"Un instant s'il vous plaît!" s'écria Madame Victoria en se penchant de nouveau. "Vous avez récemment perdu quelque chose, M. Sibley."

Nick rit.

« Pouvez-vous m'indiquer comment le trouver ? » Il a demandé.

"Ai-je raison?"

"Oui."

"Je ne peux pas encore dire ce que c'est, mais j'ai l'impression que vous manquez quelque chose que vous portez habituellement sur vous."

"C'est vrai."

« Non, je ne peux pas vous indiquer comment le trouver – du moins, pas pour le moment. Ce n'est pas encore, pas encore localisé. Cela bouge – bouge – bouge. Je vois de la fumée et j'entends des coups de feu. J'ai la même impression qu'il y a un instant : vous avez été en danger ces derniers temps.

Elle parlait de nouveau avec cette véhémence rapide et véhémente comme auparavant, comme si chaque corde sensible de son organisme délicat avait été soudainement frappée, la ravissant d'impressions nouvelles et étrangement correctes.

Nick Carter la regardait comme un chat regarde une souris, mais il ne pouvait déceler aucun signe de simulation ou de trahison. Sa voix, son apparence, ses actions et ses humeurs en constante évolution semblaient parfaitement authentiques.

«J'avoue que j'ai été récemment en danger», dit-il en réponse à sa dernière remarque.

Madame Victoria s'inclina au-dessus de la table, fixant de nouveau sur lui ses yeux avec ce regard étrangement intensifié.

« De plus grands dangers vous attendent », déclara-t-elle rapidement.

"Est-ce ainsi?" » demanda Nick, se demandant ce qui allait arriver.

« Des dangers bien plus grands. »

« De quel genre ? »

"Beaucoup de sortes."

« Un assortiment général, hein ? »

"Vous les prenez à la légère, mais je considère que cela vous ressemble."

"Plutôt."

"Si vous le faites à ce moment-là, M. Sibley, vous ferez mal."

"Pourquoi?"


« Les périls qui vous menacent ne peuvent être sagement ignorés. Je suis impressionné par la conviction que votre vie est en péril par… Arrêtez-vous un instant !

"Bien?"

de nouveau le front, secouant violemment la tête, s'efforçant apparemment d'obtenir une interprétation claire de ses impressions.

"Ah, je l'ai!" elle a soudainement pleuré. « Vous êtes à Boston pour affaires… des affaires périlleuses. »

"Bien?" » demanda Nick, déterminé à ne rien lui dire.

« Vous êtes venu me demander conseil ? »

"Oui."

"Alors je vous conseille de le laisser tomber."

"Laisser tomber quoi ?"

"Cette affaire périlleuse."

« Savez-vous en quoi cela consiste ?

"Je n'en ai aucune impression", répondit Mme Victoria avec de curieux efforts nerveux pour rendre son esprit réceptif aux informations désirées, efforts qui lui faisaient transpirer le cou et le front par petites gouttes.

"Non non. Je ne comprends pas, je ne peux pas comprendre, ajouta-t-elle avec un souffle coupé. «Je n'ai aucune idée de ce que cela consiste. Pourtant, je vous conseille de laisser tomber.

« En raison des dangers que cela comporte ? »

"Oui."


"Ils ne me dissuaderont pas", a déclaré Nick en secouant la tête. "Je n'ai jamais fui le danger."

"Il y a encore une autre raison."

"Pour avoir abandonné l'entreprise?"

"Oui."

"Qu'est-ce que c'est?"

"Vous échouerez."

« Échouer dans mon entreprise ?

«C'est mon impression. Ah, je te vois sourire ! s'écria la femme en s'essuyant les joues et le front humides. « Vous avez tort de ridiculiser et d'ignorer mes prédictions. Demandez aux autres à qui j'ai donné des conseils. Je ne me suis encore jamais trompé dans aucune de ces prédictions. Suivez mon conseil, monsieur Sibley, et évitez les périls imminents.

Nick avait souri d'un air incrédule et s'était levé pour partir. Il vit que la femme n'avait plus rien à lui dire, et qu'il n'avait aucune envie d'en entendre davantage dans le même sens.

Après avoir payé ses honoraires en argent obtenu en encaissant un chèque afin de régler avec Grady les dommages causés à son runabout, Nick salua Madame Victoria et partit.

A la porte de la chambre intérieure, la femme lui tendit la main, qu'il accepta gravement, constatant en même temps qu'elle était humide de sueur, mais froide comme une main d'argile.

# CHAPITRE VII.
## LE MYSTÈRE LE PLUS PROFONDE.

Nick Carter était perplexe.

Son entretien avec Madame Victoria l'avait en quelque sorte laissé sur les nerfs.

Il ne pouvait pas expliquer les connaissances dont elle avait fait preuve, en termes indirects et équivoques. Il indiquait clairement qu'elle avait reçu d'une source quelconque des informations le concernant et ses projets commerciaux, ainsi que sur les pertes qu'il avait subies lors de sa rencontre avec le bandit.

Cette information provenait-elle réellement des pouvoirs occultes dont la femme prétendait être possédée ?

Nick Carter n'était pas prêt à le croire, car il avait peu confiance dans le surnaturel.

D'un autre côté, toute explication naturelle semblait tout aussi difficile.

"Ma visite prévue dans ses appartements n'était connue que de trois personnes par qui elle aurait pu être informée, et il s'agissait de Badger et de sa femme, ainsi que de Grady", raisonna Nick perplexe. «Je sais avec certitude que Grady ne l'a pas informée. En supposant même que les Badgers l'aient fait en communiquant avec elle par téléphone, ils ne peuvent pas deviner que je ferais appel à elle déguisé. Mon maquillage, ainsi que le nom fictif que j'ai donné, auraient certainement dû l'aveugler sur mon identité. Pourtant, je ne crois pas qu'elle aurait pu deviner, par simple hasard, tous les faits qu'elle a racontés, et je suis heureux si je peux bien comprendre le mystère.

Plus Nick y réfléchissait, plus il devenait convaincu qu'il existait un travail malhonnête sous la surface, ce qui le rendait encore plus déterminé à découvrir de quoi il s'agissait.

« Je télégraphierai à Chick et Patsy pour qu'ils viennent ici », décida-t-il brusquement en retournant à la Adams House, où il s'était inscrit. « J'aurai besoin d'eux pour m'aider à retrouver ces voleurs de route, que je suis désormais bien résolu à renverser. Après avoir envoyé un message à Chick, j'aurai un autre combat avec la diseuse de bonne aventure. Je suis béni si je la laisse me jeter à terre de cette façon, pas et me retenir !

L'hôtel n'était qu'à quelques pas de là, et là, Nick envoya un télégramme à Chick Carter, son assistant en chef, lui ordonnant, ainsi qu'à Patsy, l'un de ses plus jeunes détectives, de venir à Boston par le premier train et de le rejoindre à Adams House. .

Nick savait que tous deux arriveraient tard dans la soirée et, avant cela, il espérait avoir résolu cette partie du mystère concernant la diseuse de bonne aventure de Tremont Street.

Après avoir passé une demi-heure à déjeuner, Nick monta dans sa chambre et examina son déguisement qu'il n'avait pas enlevé.

«C'est parfait dans les moindres détails», déclara-t-il mentalement, tout en se regardant dans le miroir. « Elle ne peut pas avoir détecté le maquillage, et il doit y avoir une autre explication à ses insinuations. Je vais l'enlever et lui rendre visite cette fois en personne.

En retirant le déguisement, Nick remarqua la bague en forme d'anthrax à son doigt, et il l'enleva immédiatement et la glissa dans la poche d'un autre costume qu'il s'apprêtait alors à enfiler.

« Je n'aurai rien de moi qu'elle ait pu voir ce matin », se dit-il. « Il y a beaucoup d'acuité rusée dans ses yeux brillants, et je ferai en sorte qu'elle ne découvre rien qui puisse m'identifier avec son visiteur du nom de Sibley. Si elle y parvient, la sorcière, il y aura quelque chose de plus que naturel là-dedans – ou une sorte de ruse coquine à l'œuvre sous la surface. Je parie qu'elle n'aura cette fois pas l'impression que deux hommes entrent dans sa chambre, ni que j'y étais ce matin.


Vêtu à la mode, avec son visage fort et attrayant invitant à l'observation, Nick apparut pour la deuxième fois dans les appartements de Madame Victoria, environ une heure après les avoir quittés.

La jeune fille dans la salle d'attente ne le reconnut pas, et Nick prit même la précaution de varier sa voix de plusieurs degrés par rapport à celle qu'il avait utilisée auparavant.

« Madame Victoria est-elle désengagée ? s'enquit-il.

« Elle l'est, monsieur, juste à l'heure actuelle », dit la jeune fille.

"Ma carte", dit Nick laconiquement. "Je voudrais un entretien d'affaires avec elle."

"Un instant, monsieur."

La jeune fille disparut dans la pièce intérieure, puis revint sans la carte.

« Madame vous recevra, M. Carter », dit-elle en s'inclinant.

Nick laissa son chapeau comme avant et s'approcha de la pièce intérieure.

Ses souvenirs n'étaient pas agréables. L'atmosphère fermée, la lumière verte, les murs ornés d'insignes mystiques, la femme à la robe violette qui avait si dérouté son raisonnement aigu habituel, et dont le contact de la main s'attardait en lui comme lorsqu'une personne a touché la main d'un cadavre... tout lui avait laissé une impression désagréable, comme lorsqu'on s'est mêlé de choses qui tiennent à la magie noire.

Il trouva Madame Victoria assise à table, comme auparavant, lui paraissant plus que jamais une sorcière, tandis qu'il franchissait gravement le seuil.

La femme leva les yeux de la carte entre son pouce et ses doigts, et Nick crut détecter une subtile lumière surgir du fond de ses yeux brillants. Elle disparut si vite qu'il ne pouvait en être sûr, mais malgré cela, il était désormais attentif à la moindre trahison qui pourrait avoir de l'importance pour lui.

Madame Victoria fut la première à parler.

"Prenez une chaise, monsieur", dit-elle en souriant un peu bizarrement. "Votre carte m'informe que vous êtes le détective Carter, de New York."

"Oui madame."

"Ma femme de chambre a dit que vous souhaitiez un entretien d'affaires avec moi."

"S'il vous plaît."

« Des affaires de mon point de vue, ou du vôtre ? » demanda Madame Victoria toujours souriante. "En d'autres termes, détective Carter, votre visite concerne-t-elle votre entreprise ou la mienne ?"

« L'entreprise nous appartient », a déclaré Nick avec insistance.

"Ah, une sorte d'intérêt mutuel", rit la femme en lui jetant un regard captivant.

"Précisément."

« Alors, puisque vous ne m'avez pas appelée pour me consulter professionnellement, dit madame, je me sentirai libre de laisser tomber mon attitude mentale habituelle, celle de me tenir sensible aux impressions extérieures, et de vous recevoir plus conventionnellement. À propos de quoi souhaiteriez-vous me voir, détective Carter ? »

Nick sentit instinctivement qu'il était déjà repoussé par la femme, et il vit, d'un demi-œil, s'il ne l'avait pas vu auparavant, qu'il se trouvait face à un personnage remarquablement astucieux et intelligent, qui était presque son égal en termes de diplomatie et ruse.

Nick mit donc brièvement de côté le motif pour lequel il était venu et revint aux affaires qui l'avaient principalement envoyé dans les appartements de Madame Victoria.

«Je voudrais vous poser quelques questions», dit-il.

"À propos de quoi?"

"À propos du récent vol de vous-même et de Mme Badger, à Brookline."

« Ah, en effet ! »

"Je suis engagé par le chef Weston, du service de police local, pour enquêter sur certains de ces vols de grand chemin commis ici et pour procéder à l'arrestation des coupables."

"Cher moi! Je suis ravi de l'entendre, détective Carter, et j'espère que vous réussirez », s'exclama Madame Victoria, affichant maintenant un intérêt très vif.

"J'espère aussi."

« J'ai perdu des bijoux de valeur, tout comme Claudia – c'est Mme Badger, monsieur – et je serais plus qu'heureux de les retrouver.

"Sans aucun doute."

"Ou pour vous aider à hâter l'arrestation et la condamnation des voleurs", a ajouté la femme. « De quelle manière puis-je vous aider, détective Carter ?

« En répondant à quelques questions pour moi, madame… »

"Pardon!" s'interposa-t-elle.

"Bien?"

"Vous pouvez m'appeler Miss Clayton lorsque vous ne me consultez pas professionnellement, détective Carter", expliqua-t-elle avec un petit rire fascinant. « Comme dans d'autres domaines de l'art, j'exerce sous un nom d'emprunt. Si jamais vous rencontrez ma sœur, Mme Badger, ou son mari, ils m'appelleront probablement par mon vrai nom. J'en profite donc pour vous le raconter. Ce n'est qu'ici, ou lorsque je parle de mon activité professionnelle, que j'utilise le nom de mon entreprise.

Nick se demanda si tout cela lui avait été lancé pour donner l'impression qu'elle n'avait pas été informée de sa visite chez Badger et sa femme, et une lueur de nouveaux soupçons apparut brièvement dans les yeux du grand détective. Pourtant, il dit doucement, avec un signe de tête, qu'il la comprenait.

"Peu m'importe le nom que vous utilisez, à condition que vous répondiez à mes questions", a-t-il ajouté.

"Je le ferai avec plaisir, détective Carter."

"J'ai ici une photo instantanée qui aurait été prise par vous au moment du vol."

"Oui c'est vrai. J'avais mon Kodak avec moi, et il se trouve que je pouvais… »

«Le chef Weston m'a expliqué comment vous aviez obtenu la photo», intervint Nick, souhaitant accélérer les choses.

"Ah, je vois."

"Ce que je souhaite surtout savoir, c'est si vous avez bien observé les voleurs, ou si vous avez été trop effrayé pour les remarquer de près."

« Oh ! je n'étais pas très alarmée », sourit Mme Victoria en haussant ses belles épaules. « J'ai compris que la perte de nos objets de valeur était inévitable, mais je n'ai pas eu peur pour ma vie. »


« Avez-vous spécialement remarqué la femme qui apparaît sur cette photo ?

"J'ai vu tout ce qu'il y avait à voir des deux mécréants, détective Carter", déclara la femme avec un signe de tête empreint d'emphase.

« Avez-vous détecté une particularité chez cette femme ?

"Seulement sa taille inhabituelle."

"Elle était plus grande que l'homme?"

"Oui en effet; plusieurs centimètres de plus.

"Pourtant, sur la photo, il semble mesurer près de six pieds."

"Je devrais juger qu'il l'était, tel que je me souviens de lui maintenant."

"Une femme plus grande que cela est très rare", a déclaré Nick, "et une femme qui devrait être assez facilement retrouvée."

"C'est vrai, monsieur."

"Etes-vous sûr que c'était une femme ?"

"Bien sûr? Eh bien, certainement ! s'écria Madame Victoria en riant.

« Pour quelles raisons ?

"Parce que, détective Carter, j'ai vu la pointe de son menton sous son voile noir, et il était aussi lisse et blanc que le mien."

"Rien de plus?"

"Sa main et son bras aussi, le peu que je pouvais voir de ce dernier dans la manche de son manteau d'automobile, étaient aussi blonds et dodus que les miens."


Nick jeta un coup d'œil à la jolie main et au bras qu'elle lui tendait et décida qu'il ne pouvait y avoir aucun doute sur eux.

— Ma première impression, détective Carter, ajouta-t-elle rapidement, était la même que la vôtre : sa taille pouvait laisser penser qu'il s'agissait d'un homme habillé en femme. C'est pour cette raison, monsieur, que je l'ai particulièrement observée.

"J'en suis content", s'inclina Nick. "Je suis venu ici principalement pour régler cette question de sexe, et j'ai déjà interrogé Mme Badger à ce sujet."

« Ah oui ! Alors tu l'as vue ?

"Je lui ai rendu visite à Brookline ce matin."

« Est-ce que ce que je dis corrobore ses déclarations ?

"Oui."

Nick avait mentionné l'appel uniquement pour voir si Madame Victoria dirait qu'elle avait depuis eu des nouvelles des Badgers, mais elle n'a rien fait de tel, laissant Nick croire que ce n'était pas le cas. Cela ne servit qu'à accroître ses soupçons grandissants, en se rappelant ce qu'elle avait dit ce matin-là ; et il ajouta alors gravement, le regard indifféremment fixé sur son visage :

"Je pense qu'il n'y a qu'une dernière question à laquelle j'aimerais que vous répondiez pour moi, Madame Victoria."

"Seulement un?"

"C'est tout."

"Demandez-le, détective Carter."


La voix de Nick tomba un peu plus bas et devint plus impressionnante.

"Je voudrais savoir ce que vous m'auriez dit, Madame Victoria, si je vous avais appelée pour vous consulter professionnellement."

Le sourire persistait toujours sur les lèvres rouges de la femme, et ses yeux rencontrèrent les siens sans broncher.

"J'aurais dû dire, détective Carter, ce que ma première impression m'a poussé à dire, mais que j'ai décidé de réprimer."

"Ca c'était quoi?"

"J'aurais dû vous dire que j'avais l'impression, lorsque vous êtes entré, comme si je rencontrais une personne qui venait de passer ici."

"Avez-vous ressenti cela?"

"Je l'ai fait."

« Que pensez-vous de cela maintenant ? »

"J'en suis maintenant sûr."

"De quoi?"

"Que vous étiez ici ce matin sous le nom de Sibley", répondit Madame Victoria, fronçant légèrement les sourcils. "Je ne peux pas imaginer pourquoi vous êtes venu ici déguisé et sous un faux nom, Détective Carter, mais je suis convaincu que vous l'avez fait."


« Comment avez-vous acquis cette connaissance ? » » Demanda maintenant Nick, ignorant sa réprimande discrète.

«J'ai répondu à cette question pour M. Sibley», fut la réponse, avec un ricanement secret. "Je n'ai donc pas besoin de répondre à votre place."

« Vous l'avez acquis grâce à vos impressions ?

"Oui."

« Pas autrement ? »

"Aucun."

"Alors, comme M. Sibley l'a dit ce matin, c'est très mystérieux", déclara sèchement Nick en se levant pour partir.

"Beaucoup le pensent, comme je l'ai dit ce matin."

«Je dirai, Madame Victoria, que je n'avais pas de dessein plus malveillant en venant ici déguisé que celui de prouver la validité de certaines de vos prétentions aux pouvoirs occultes. Je pourrais ajouter aussi que vous m'avez posé l'un des problèmes les plus curieux de ma vie.

"En effet!"

"Je me ferai cependant un devoir de résoudre le problème."

Madame Victoria riait et le regardait bizarrement sous ses paupières tombantes.

"Si vous parvenez à le résoudre, ce qui implique d'apprendre comment j'obtiens ces impressions, détective Carter, vous ferez plus que moi", dit-elle en se levant pour lui dire adieu.


"Alors je ferai certainement, Madame Victoria, faire plus que vous ne pouvez", déclara doucement Nick, en acceptant sa main tendue.

"Tu le penses, hein?"

« Oui, madame ! J'ai un trait de caractère très prononcé, qui pourrait vous intéresser.

"Qu'est-ce que c'est?"

« Je n'abandonne jamais un mystère, madame Victoria, avant qu'il n'ait… cessé d'être un mystère !

Le dernier mot fut dit assez agréablement, mais avec beaucoup d'insistance, alors que Nick s'inclinait et se retirait de la pièce, les yeux souriants de la femme croisant régulièrement les siens jusqu'à ce que la porte se ferme entre les deux.

Alors se produisit en elle un de ces changements rapides qu'on ne voit que lorsque les passions réprimées, intensifiées par la retenue, sont brusquement laissées libres.

Son sourire s'évanouit comme un éclair, remplacé par un froncement de sourcils qui transfigura chacun de ses traits et prêta à son visage habituellement attrayant le visage menaçant et vengeur d'une furie. Les yeux brillants, les lèvres tirées, la poitrine haletante sous le gonflement soudain de ses sentiments refoulés, elle serra ses deux mains serrées après le détective qui s'éloignait, tout en marmonnant férocement entre ses dents blanches :

« Vous allez résoudre le problème, n'est-ce pas ? Vous déchirerez le voile du mystère, n'est-ce pas ? Pas si je le sais – pas si je peux l'empêcher, M. Nick Carter !

« Méfiez-vous de ce que vous faites, de ce que vous tentez ! Quel que soit le prix à payer, ma prédiction se réalisera et seul l'échec sera le vôtre ! Prenez garde d'échouer, car le prix inévitable de l'échec sera la mort ! »

Puis elle se retourna et se précipita à travers la pièce, chaque mouvement de sa silhouette souple et souple étant aussi rapide et gracieux que ceux d'un léopard. D'un rapide mouvement du bras, elle écarta le rideau d'une porte d'un petit cabinet dans lequel elle entra, pour saisir le combiné d'un téléphone fixé au mur.

"Donnez-moi 22 sonnerie 2, Brookline!" » ordonna-t-elle.

C'était le numéro de téléphone de la maison de M. Amos Badger.

# CHAPITRE VIII.
## SOUS LA SURFACE.

Comme Nick Carter l'avait à juste titre deviné, en évaluant les connaissances mystifiantes affichées par Madame Victoria, il y avait quelque chose sous la surface.

Ce qu'était d'ailleurs ce quelque chose apparut clairement dans ce qui suivit la visite de Nick à la maison de banlieue de M. Amos Badger.


Au moment où le détective partit en compagnie de Grady, Badger et sa femme subirent un changement très marqué.

Avec une vilaine lueur dans ses yeux sombres, qui suivaient toujours le runabout alors qu'il dévalait la longue allée, Badger arracha les bandages de flanelle rouge autour de son cou, s'exclamant avec véhémence :

"Ouf! ces choses infernales me font puer par tous les pores ! Dieu merci, il n'est plus resté, sinon j'aurais dû me précipiter dans mes bottes. Je n'ai pas un chiffon sec sur moi.

Sa femme se laissa aller à un rire, un petit rire vicieux, très désagréable pour les oreilles honnêtes.

"Pourtant, la ruse a bien fonctionné, Amos", s'écria-t-elle avec exaltation.

"Oui, apparemment."

"Apparemment?"

"C'est ce que j'ai dit", grogna Badger alors que le runabout disparaissait.

"Que veux-tu dire?" » demanda Claudia avec une appréhension accrue.

"Je veux dire qu'on ne sait jamais ce que pense et soupçonne Nick Carter, quelle que soit sa conduite", a répondu Badger avec irritabilité. « Il est une chose en surface, une autre en dessous. On ne sait rien de lui, et je suis infernalement désolé que Weston l'ait amené ici.

"Bah!" s'écria sa femme avec mépris. "Il ne peut pas accomplir plus que ce que les détectives de Boston ont fait."

"Je n'en suis pas si sûr."

"Nous pouvons le tromper comme nous avons trompé les autres."

"Pourtant, il a posé des questions diablement laides", a déclaré Badger, avec un hochement de tête dubitatif. "Et j'ai plus qu'à moitié peur qu'il soupçonne déjà notre ruse."

« Des soupçons que vous faisiez seulement semblant d'être malade ? »

"Peut-être."

"Absurdité! Il ne peut pas avoir compris cela, ni rien d'autre qui nous affecte sérieusement.

Badger se détourna rapidement et interpella l'homme dans l'allée.

"Entrez ici, Jerry," ordonna-t-il. "Je veux te parler."

Conley laissa tomber son travail et se précipita dans la maison, suivant Badger et sa femme dans la bibliothèque.

« Que veux -tu , Amos ? » s'enquit-il, avec une familiarité indiquant clairement qu'il était quelque chose de plus qu'un domestique dans cet endroit.

"Je veux savoir exactement ce que Carter t'a dit," répondit Badger en se jetant sur une chaise.


"Il m'a seulement demandé si j'avais vu une voiture rouler sur la route en contrebas."

"Rien de plus?"

« Pas rien. »

"Je pensais l'avoir entendu dire quelque chose à propos de moi, Conley, et de la coupe de mon foc ."

"Oh, c'était uniquement parce qu'il ne pouvait rien apprendre de moi et qu'il n'aimait pas la joie que je lui donnais", répondit Conley avec un sourire. "Qu'est-ce que je lui ai dit, Amos, et je le gardais seulement sous une corde jusqu'à ce que je sois absolument sûr que toi et Claudy étiez hors de vos plates-formes automatiques et dans les togs dans lesquels il vous a trouvé."

"Etes-vous sûr qu'il n'a pas aperçu l'autre machine ?" » demanda Badger avec appréhension.

« Celui que vous avez utilisé lorsque vous l'avez retenu ? »

"Oui certainement."

"Oh, je suis absolument sûr qu'il n'a pas vu ça", s'écria Conley avec assurance. "J'avais ça dans la couverture secrète cinq bonnes minutes avant qu'il n'apparaisse dans le runabout."

"Et tu étais au travail sur l'autre quand il est arrivé ?"

"Oui, bien avant son arrivée."

"Peuh! il n'aurait pas pu voir le Peerless quand il est arrivé ici, Amos, » compléta résolument Claudia. "Nous avons laissé ce runabout derrière nous comme s'il était attaché à un pieu."

« Je sais tout cela », grogna Badger ; "Mais je veux être sûr que le détective infernal n'a eu aucune trace de nous après son arrivée ici. Je vous le dis à tous les deux, c'est un homme à craindre, et nous ne pouvons pas être trop prudents s'il entreprend de nous arrêter.

« Putain ! » grogna Conley, avec un air renfrogné s'élevant autour de ses yeux rusés. "S'il devient sage et nous met trop de pression, nous pouvons faire une chose."

"Le mettre à l'écart?"

"Bien sûr."

"Il faudra le faire", a déclaré Badger avec un signe de tête. "Pourtant, je n'ai pas envie de me passer le cou dans un nœud coulant si cela peut être évité."

"Cela peut être fait sans cela", a déclaré Conley, avec une sombre signification.

"Il me semble", a déclaré Claudia, "que nous devrions donner à Vic un indice que Carter viendra lui rendre visite, et aussi qu'il est venu ici."

"C'est vrai aussi."

"S'il est aussi intelligent que tu le dis, Amos, il faut le manipuler avec des gants", a ajouté la femme. « Vic devrait être prévenue de sa visite et de la nature de ses affaires, afin qu'elle puisse être prête à l'accueillir et le détourner de tout soupçon.

"Je peux l'informer par téléphone."

"Il faut le faire."

"Il n'y a pas vraiment d'urgence", a répondu Badger. "Carter n'arrivera pas avant une heure."

"Vous devez lui dire exactement ce que nous avons fait et pourquoi nous l'avons fait."

"Dites-lui que nous l'avons retenu ce matin?"

"Oui certainement; aussi que nous sommes sortis avec sa montre et son argent.

"Pourquoi lui dire tout ça?"

" Alors elle sait peut-être comment le gérer", déclara Claudia, les sourcils froncés. "Vic est intelligente, d'accord, mais elle peut nous embêter d'une manière ou d'une autre lorsqu'elle est confrontée à l'intelligence de Nick Carter, à moins qu'elle ne sache exactement quel est son jeu et ce qui s'est passé ici."

"Je vais aller lui parler tout de suite", dit Badger en se levant.

"Une bonne idée", a déclaré Conley avec approbation. "Laissez Vic tranquille pour embêter n'importe quel jeu qu'il pourrait avoir."

« Arrêtez-vous un instant, Amos », cria sa femme après coup.

"Bien?"

« Si Carter a des soupçons à notre égard, comme vous semblez le craindre, il pourrait se lancer immédiatement dans une partie de son travail sournois.

"Que veux-tu dire?"

"Il ne peut pas dire à Vic qui il est."

"Peut-être pas."

"Et il pourrait la conduire à une certaine trahison, au cas où il l'interrogerait de près alors qu'elle ignore son identité."

"Que diable pouvons-nous faire pour empêcher cela?" » demanda Badger en fronçant les sourcils.

"Je vais vous dire", dit Claudia, qui possédait manifestement bon nombre des qualités astucieuses de sa sœur.

"Eh bien, finissons-en."

"D'abord, Amos, décris-lui pour qu'elle ne puisse pas se tromper, et ensuite..."

"Attendez un peu", interrompit Conley, qui était un auditeur intéressé. Il se peut qu'il s'avise d'y aller déguisé, puisque c'est une astuce de sa part.

"C'est exactement ce à quoi je voulais en venir, Jerry, si vous m'aviez laissé finir", a lancé Mme Badger. "Nous pouvons facilement éviter tout déguisement qu'il pourrait adopter."

"Comment ça?"

"Simplement en disant à Vic qu'il porte un anneau d'anthrax rouge au troisième doigt de sa main gauche", a déclaré Claudia. "Il ne jugera pas nécessaire de retirer ça, Amos, même s'il se déguise."

"Par jupiter! c'est tellement."

"Allez maintenant et racontez-lui toute l'affaire."

Badger se précipita dans le hall, où l'on l'entendit bientôt communiquer en termes prudents, mais dont il savait évidemment qu'ils seraient faciles à comprendre, les informations concernant Nick qui l'avaient tant intrigué.

C'est à cause de ce qu'on lui raconta par fil que Madame Victoria jeta d'abord un coup d'œil à la main gauche de Nick lorsqu'il entra dans ses appartements, et le reconnut aussitôt sous le déguisement de Sibley.

D'ailleurs, lors de sa seconde visite, lorsqu'il présenta sa propre carte, la voyante s'aperçut aussitôt qu'il avait retiré l'anneau, et cela seul suffisait pour la convaincre qu'il commençait à jouer un double jeu, et qu'il a dû avoir des soupçons à son égard et à l'égard des Badgers.

Après le premier départ de Nick, elle téléphona à Badger pour lui dire qu'il était là, et ce dernier tint alors une seconde consultation avec sa femme et Conley.

Ignorant le principal objectif de Nick lorsqu'il rendait visite à Madame Victoria déguisée, qui était simplement de tester ses pouvoirs particuliers, les appréhensions de Badger s'accrurent naturellement.


"Il est sage sur quelque chose, et déjà prêt à jouer contre nous, sinon il ne serait pas venu là-bas déguisé", raisonna-t-il gravement. « Je suis ruiné, complètement ruiné, à moins que nous puissions continuer ces travaux routiers quelques semaines de plus. Je serai complètement submergé si je ne parviens pas à réunir les fonds nécessaires pour me soutenir jusqu'à ce que la bourse monte.»

"Nous continuerons les travaux routiers, Amos, n'ayez crainte", déclara sèchement sa femme, avec un éclat maléfique dans ses yeux expressifs. "C'est moi qui vous l'ai suggéré et j'ai fait ma part pour vous aider."

"C'est assez vrai."

"Et nous n'allons pas l'arrêter maintenant, Amos, Carter ou pas Carter."

"Nous ne le ferons pas", grogna Conley en secouant la tête. « Il y a trop de bonnes choses là-dedans pour que nous puissions les laisser à ce stade être critiqués par cet homme Carter. Au pire, Amos, un couteau entre ses côtes le mettra hors de notre chemin.

"C'est plus facile à dire qu'à faire."

"Pas s'il s'agit de ce genre de pièce."

« Je n'ai pas peur de Weston et de ses détectives de second ordre », ajouta Badger d'un air maussade ; "Mais cet homme, Carter, est supérieur à tout ce groupe."


"Bah!" s'écria Claudia. « Vous êtes inutilement alarmé. Pour commencer, Amos, il ne peut pas avoir appris quoi que ce soit de précis sur nous aussi rapidement.

"Peut-être pas."

"Il n'aurait pas pu nous identifier comme étant le couple qui l'avait retenu et volé ce matin, et il devait certainement penser que ce n'était qu'un travail fortuit, pas un travail planifié par nous au moment où nous avons appris qu'il venait ici dans un runabout. »

"Non, il n'aurait pas pu le deviner", a admis Badger.

« De plus, argumenta sa femme, mon visage était entièrement couvert de mes lunettes anti-poussière et de ma fausse barbe, et dans mon grand manteau de voiture, on ne pouvait certainement pas soupçonner que j'étais une femme qui s'était soudainement présentée au Peerless en auquel vous avez échappé après l'avoir volé.

" Bien sûr que ce n'est pas possible", répondit Conley. "J'aurais juré que tu étais moi-même un homme."

"Oh, je ne pense pas qu'il ait la moindre idée de la vérité à ce sujet", a répondu Badger.

"Il y a encore un autre élément en notre faveur", a poursuivi Claudia.

"Qu'est-ce que c'est?"

"Le vol présumé de Vic et de moi-même, Amos, et la photo prise par Vic pour convaincre Weston de la véracité de notre histoire."

"C'était l'une des décisions les plus astucieuses jamais prises", a déclaré Conley en riant.

" C'était certainement le cas, Jerry, et vous pouvez laisser Vic tranquille pour penser à de tels projets", a déclaré Mme Badger, avec une mauvaise démonstration de fierté fraternelle.

"Elle est passionnée, d'accord", sourit Conley.

"Le tableau est comme une preuve positive que nous avons été volés", a ajouté Claudia ; « et Weston n'a jamais douté un seul instant de notre histoire. Le fait même, si c'était un fait, que nous ayons été volés, démontrerait d'ailleurs clairement que nous ne pouvons pas non plus être à la fois les voleurs et les victimes. Ce serait absurde, voyez-vous, et tant que Carter crédite la photo, tant que nous pouvons être sûrs qu'il ne nous soupçonne pas d'être des escrocs.

"C'est un vilain mot à nous appliquer, Claudia", grogna Badger avec désapprobation.

«Autant appeler les choses par leur nom», s'est moquée sa femme. "Je t'ai dit que j'étais une aventurière et une femme courageuse, Amos, quand tu as voulu m'épouser, et tu savais exactement ce que tu voulais négocier."

"Je ne trouve aucune faute à ce sujet."

« Tu ferais mieux de ne pas le faire », fut la réplique pointue. "J'aime la vie que je mène maintenant, le fait de bouger dans la bonne société, car cela se déroule sur scène, ou à cheval à cru dans le cirque, pour lequel Vic et moi avons été élevés dans la vieille Angleterre."

« Quel besoin de faire référence à ces jours ? » murmura Badger en fronçant les sourcils sombrement.

"Seulement pour que vous puissiez garder à l'esprit l'étoffe dont je suis faite", répondit sa femme en haussant les épaules. « Quand tu m'as dit que tu étais dans une situation difficile financièrement, Amos, c'est moi qui ai suggéré ce stratagème de braquage de route pour te dépanner. En devenant ici votre assistant, aux côtés de Jerry, mon ancienne vie d'aventure m'a bien servi. Je peux monter le cheval le plus vicieux, et aucune voiture ne peut aller trop vite pour moi, Amos ; donc vous ne pourriez pas avoir une meilleure aide, que je porte des jupes ou des pantalons, pour organiser une auto-party.

"C'est assez vrai."

"Quant à la méchanceté de tout cela, eh bien, la majeure partie du monde est méchante d'une manière ou d'une autre", a ri la femme. « Nous devons trouver un moyen de gagner notre vie, Amos ; et cette vie de danger et d'aventure me convient parfaitement, sans parler des profits qu'on en tire. Pensez -y : le mois dernier, nous en avons nettoyé près de vingt mille, à condition que ces bijoux Gaylord rapportent autant que nous l'espérons.


"Oh, il y a assez d'argent dedans, je l'admets", acquiesça Badger.

« Et avec Vic pour nous aider, avec l'aide de l'ami qu'elle a si complètement sous sa coupe, nous sommes sûrs d'être informés de toute décision envisagée par Weston ou par Nick Carter. Vos craintes sont donc sans fondement, Amos, comme je l'ai dit au début.

"C'est vraiment une chance, je l'admets, que nous ayons cette ancre au vent", a déclaré Badger, avec des traits maintenant détendus.

« Il en est ainsi, Amos, et avec lui pour nous informer de… Écoutez ! la sonnerie du téléphone retentit à nouveau. Je parie que Vic a autre chose à signaler.

Claudia Badger avait raison en dernier.

Madame Victoria rapporta maintenant la deuxième visite de Nick Carter, et tout ce qui s'était passé entre eux ; a également expliqué le simple but de Nick en l'appelant d'abord déguisé, et a déclaré qu'il était venu en dernier uniquement pour poser des questions sur la femme sur la photo.

«Je l'ai bien embrouillé, Amos», fut la dernière déclaration de Madame Victoria par fil. "Il n'y a rien à craindre de lui pour le moment."

Le visage sombre de Badger s'éclaira pendant qu'il écoutait, et il s'empressa de signaler la communication à sa femme et à Conley.


"Là! Qu'est-ce que je t'avais dit?" s'écria Claudia triomphalement. «Je savais que Vic prouverait plus qu'un match, même pour Nick Carter. Maintenant, il n'y a qu'une chose à faire pour détourner nos soupçons.

"Qu'est-ce que c'est?"

« Ces braquages de route doivent continuer à se produire », a déclaré la femme. « S'ils se terminent brusquement à ce moment-là, après la visite de Carter ici, il pourra très probablement en déduire que nous sommes alarmés, à condition qu'il ait le moindre soupçon à notre sujet. Un autre vol commis cette nuit même ferait pencher la balance en notre faveur.

"C'est vrai aussi", dit Conley, comprenant rapidement l'essentiel.

En outre, c'était l'un des plus audacieux jamais commis, et les journaux du matin en ont fait état, accompagnés d'une infinité d'éditoriaux dénonçant le travail inférieur de la police, incapable d'empêcher de telles déprédations.

Mais la fin n'était pas encore là, car le jour même, le chef Weston retirait ses propres hommes de l'affaire et la confiait entièrement à Nick Carter.

# CHAPITRE IX.
## CORPS ET MEMBRES.

"Chick, j'ai une idée!"

Cette exclamation est venue de Nick Carter vers dix heures du matin, deux jours après le dernier rapport sur le vol de grand chemin, et la conversation qui a suivi a montré avec quelle perspicacité remarquable ce grand détective est arrivé aux déductions subtiles qui ont largement contribué à son succès.

Chick et Patsy étaient arrivés à Boston deux jours auparavant, et tous deux étaient désormais présents avec Nick dans sa chambre à Adams House.

En outre, tous deux avaient été pleinement informés des faits qu'il avait appris jusqu'ici, ainsi que de son entrevue avec les Badgers et de ses visites à Madame Victoria.

Lorsqu'il poussa l'exclamation ci-dessus, Nick était assis à l'une des fenêtres de sa chambre.

Dans une main, il tenait la photographie qui figurait si curieusement dans l'affaire et qui aurait convaincu n'importe quel détective ordinaire que Mme Victoria et Mme Amos Badger avaient été volées précisément comme on le prétendait, car l'appareil photo, au moins, n'aurait pas menti.

Pourtant, cette preuve convaincante était si inhabituelle, ainsi que les circonstances dans lesquelles elle avait été obtenue, que Nick, dès le début, avait été enclin à se méfier de l'image.

Dans son autre main, il tenait maintenant une grande loupe, à travers laquelle il étudiait attentivement la photographie, en la tenant en plein soleil du matin.

"Qu'est-ce que c'est, Nick?" » demanda Chick en se levant de sa chaise et en laissant tomber un journal du matin rapportant le dernier vol. « Une idée, avez-vous dit ? »

"Exactement."

« Qu'y a-t-il, M. Carter ? » demanda Patsy, affichant aussitôt un vif intérêt. "Avez-vous découvert quelque chose de boiteux sur cette photo?"

Nick rit.

«Cela met en plein dans le mille, Patsy», dit-il en jetant un coup d'œil dans la direction du garçon. "Je pense que je commence à voir un rayon de lumière dans l'obscurité."

"Qu'as-tu découvert ?" demanda Chick.

Et lui et Patsy vinrent se pencher sur le dossier de la chaise de Nick.

Nick tenait le grand verre et la photo de manière à ce que tous trois puissent clairement voir l'image agrandie.

« Je vais vous expliquer ce que j'ai trouvé, et je me demande si je ne l'ai pas remarqué auparavant », dit-il avec sérieux. "Cela concerne cette grande femme qui apparaît sur la photo."

« Eh bien ! mais elle est grande », remarqua Patsy en riant. "Elle est assez grande pour tenir dans un musée à dix sous."

"C'est vrai, Patsy", acquiesça Nick en souriant.

"Qu'est-ce qu'il y a de particulier, Nick ?"

« Comme vous le savez probablement, Chick, il existe une uniformité générale dans les proportions du corps humain : une longueur régulière des bras et des membres par rapport au tronc. Chez tous les sujets normaux, les proportions sont à peu près les mêmes.

"Bien sûr," acquiesça Chick. "La portée d'un homme, du bout de ses bras et de ses doigts étendus, est généralement la même que sa taille."

"Correct."

"Mais qu'est-ce que cela a à voir avec la photo, M. Carter ?" demanda Patsy.

"Cela a à voir avec cette femme", répliqua Nick, sortant son crayon pour l'utiliser comme pointeur. "Je veux que vous remarquiez son bras et sa main tendus, ceux dans lesquels elle tenait le revolver braqué."

"C'est assez clair, monsieur."

"C'est une chance que ce soit le cas, Patsy", acquiesça Nick. "Il est également clair, maintenant que je l'étudie de près, que le bras est un peu disproportionné par rapport à sa taille excessive."


"Par jupiter! il semble bien que ce soit le cas ! » s'exclama Chick en se penchant pour voir la silhouette illustrée.

« Remarquez la distance entre son épaule et sa main, puis la distance entre son épaule et sa hanche, qui est clairement soulignée par cette courbe de son long manteau automobile. Sa hanche est ici, Chick, là où j'ai la pointe de mon crayon.

"Exactement."

"Remarquez maintenant que sa main tendue, si elle devait être laissée tomber sur le côté, n'atteindrait que ce point, mesurant la même distance, un point seulement un peu en dessous de sa hanche."

"C'est clair", s'écria Chick. « Pourtant, la caméra peut… »

"La caméra ne ment jamais", intervint Nick.

"Alors la femme doit être disproportionnée", a déclaré Chick.

"Pas nécessairement."

"Mais son bras devrait être plus long qu'il n'y paraît", a insisté Chick. "Je suis bien proportionné, je le jure, et ma main, lorsqu'elle est abaissée, descend jusqu'à mi-cuisse."

"Ce qui est à peu près vrai, Chick."

" Pourtant, vous dites que la femme n'est pas disproportionnée… "

"J'ai dit pas nécessairement", intervint Nick. "Si elle était aussi grande qu'elle apparaît sur la photo, j'admettrai que son bras serait trop court pour son corps."


"Oh, je vois!" s'exclama Patsy en démarrant. "Vous pensez, M. Carter, qu'elle n'est pas aussi grande que la photo l'indique."

"C'est exactement ça, Patsy," acquiesça Nick.

"Comment vous en sortez-vous?" demanda Chick.

« Remarquez ce pli de sa jupe, où la jupe apparaît sous le bord de son manteau ? »

"Eh bien, qu'en est-il?"

"Il est clair, Chick, que le pli ne pend pas tout naturellement", poursuivit Nick, toujours en pointant son crayon. "Il semble tiré un peu sur le côté et à l'arrière d'elle, avec le bord de la jupe soigneusement disposé pour toucher le sol, précisément comme pour cacher quelque chose en dessous."

"Quelque chose sur lequel elle se tenait!" s'exclama Chick, comprenant rapidement l'essentiel.

"C'est exactement ça", a déclaré Nick de manière impressionnante. "Aucune jupe n'a jamais été aussi tombante, si elle pendait naturellement."

"Sûrement pas."

"Remarquez également la distance entre sa hanche et le bord de la jupe, là où devraient être ses pieds", a ajouté Nick. "Ses membres seraient d'autant plus au-dessus des proportions normales que son bras est en dessous d'elles."

"Je vois ce que tu veux dire."


"En un mot, Chick, une telle anomalie ne pourrait pas exister", a poursuivi Nick d'un ton décisif. "Une personne avec des jambes anormalement longues et des bras disproportionnellement courts est hors de question."

"Et à votre avis————"

« À mon avis, Chick, la femme se tenait debout sur quelque chose, peut-être un rocher, avec ses jupes allongées pour le cacher. Évidemment, tout a été fait pour lui donner l'impression d'être très grande.

« Et dans quel but ?

"Dans le but de rendre la police aveugle à l'apparence réelle de la femme qui travaille avec cette bande d'escrocs."

"Vous pensez qu'ils avaient pour objectif d'envoyer la police à la recherche d'une très grande femme ?"

"Exactement."

"Je parie que tu as raison."

"En outre", a ajouté Nick, "ces découvertes prouvent de manière concluante que la photo a été prise délibérément, avec plusieurs personnes posant calmement pour la rendre efficace, et que les deux femmes qui auraient été retenues et volées n'ont pas été volées du tout."

« Et le design de la photographie ?

"Il a été pris à dessein pour être présenté comme preuve afin de corroborer l'histoire racontée à la police."


"En vue d'écarter les soupçons et de les détourner du droit chemin", a ajouté Chick.

"Précisément."

« Par tonnerre, c'était un stratagème astucieux ! » déclara Patsy, plutôt satisfaite de son originalité.

"Oui, c'était assez astucieux", acquiesça Nick. « Mais ces coquins ont dépassé leur monture, Patsy, en ne prévoyant pas les déductions que j'ai mentionnées. Tout cela jette une lumière nouvelle et très vive sur l'affaire », a ajouté l'orateur en jetant la photographie sur la table.

"Je devrais le dire", acquiesça Chick, reprenant sa chaise et allumant un cigare. "Cela indique que ces deux femmes, qui prétendent avoir été volées, pourraient être de mèche avec cette bande de voleurs."

"Encore plus que ça, Chick."

« Quoi de plus, Nick ?

"Cela suggère que Badger lui-même pourrait faire partie du gang , voire en être le personnage principal, et que leur quartier général pourrait se trouver dans sa banlieue isolée."

– Par Jupiter, c'est peut-être vrai !

« Regardons un peu plus en profondeur, Chick, et voyons dans quelle mesure certains autres faits soutiennent cette théorie. J'ai été retenu alors que j'allais là-bas mardi matin », a poursuivi Nick. "C'est peut-être simplement une coïncidence, les coquins attendaient peut-être une victime, même s'il reste encore une chance que quelque chose d'encore plus que cela se produise sous la surface."

« Décidément », répondit Chick. "De telles choses n'arrivent pas souvent par hasard."

"Nous enquêterons là-dessus un peu plus tard."

"Bien sûr."

— Après le braquage, Chick, je me suis précipité vers la maison de Badger, et j'y suis arrivé dix minutes après le vol, poursuivit Nick.

"Alors cela a dû se produire assez près de chez lui."

"Dans un rayon d'un demi-mile."

"Cela aussi est important."

"Dans une certaine mesure", acquiesça Nick. « J'ai trouvé son chauffeur en train de nettoyer une machine Stanley dans l'allée, où je n'ai pas pu m'empêcher de l'observer. Normalement, un tel travail serait effectué dans l'écurie ou dans le garage, et j'ai maintenant tendance à penser qu'il a été fait à l'extérieur uniquement intentionnellement pour me faire croire, en cas de méfiance, que Badger utilise une machine Stanley, et non une telle voiture. comme celui dans lequel j'ai vu les voleurs s'échapper.

« Savez-vous combien de machines il possède ?

"Je ne le fais pas, Chick. En fait, je sais très peu de choses sur lui ou sur son lieu.

"Nous nous ferons un devoir d'apprendre."


"Je n'aimais pas l'apparence ni l'air de son chauffeur", a poursuivi Nick. "Il a semblé éviter mes questions, et je soupçonne maintenant que cela a peut-être été fait pour donner à Badger le temps de sortir de son équipement de bandit de grands chemins et d'enfiler le costume et les bandages de flanelle rouge dans lesquels il m'a reçu."

« Vous pensez que toute cette affaire a été conçue uniquement pour vous aveugler, au cas où vous auriez des soupçons ?

"Cela aurait certainement été le dessein, Chick, à condition que nous soyons fondés à le soupçonner."

"Il y a trop de ces petites circonstances significatives, Nick, pour que nous puissions douter que nous touchions quelque part près du but", raisonna judicieusement Chick.

"C'est ainsi que je les considère désormais", a déclaré Nick. « Après mon entretien avec Badger, dans lequel j'ai déclaré que je devrais faire appel à Madame Victoria, il a peut-être téléphoné à la diseuse de bonne aventure. J'ai remarqué qu'il avait un téléphone dans le couloir.

"Cela expliquerait qu'elle vous connaisse, Nick", a déclaré Chick. "Mais gardez à l'esprit que vous étiez déguisé lorsque vous lui avez fait appel pour la première fois."

"Je m'en souviens, Chick."

« Comment a-t-elle pu te connaître ?

« Badger a peut-être été alarmé par ma visite, » argumenta Nick, « et il a peut-être soupçonné que je pourrais adopter un déguisement. Très probablement, il a mentionné quelque trait distinctif de ma personne, que je n'aurais pas l'habitude de faire disparaître, et par lequel Madame Victoria aurait pu m'identifier.

"C'est peut-être le cas", a admis Chick.

"Les connaissances dont elle a fait preuve indiquent certainement une telle démarche de la part de Badger et ajoutent à nos motifs de suspicion", a poursuivi Nick. « Elle m'a fait bien marquer d'une manière ou d'une autre, c'est indéniable. De plus, le fait qu'elle m'ait averti d'abandonner l'entreprise périlleuse que j'étais sur le point d'entreprendre, prédisant que je ne rencontrerais que l'échec, indique clairement la possibilité qu'ils utilisaient cette méthode pour m'influencer à abandonner l'affaire.

« Bon sang ! » s'exclama Patsy. "Cela semble maintenant parfaitement ouvert et fermé, M. Carter."

"C'est certainement important."

« Je parie que vous avez atterri en plein milieu de cette bande de voleurs de route. Dans ce cas, Nick, le reste de notre travail devrait être facile », remarqua rapidement Chick. "Cela devrait être un jeu d'enfant pour nous de les rassembler."

Nick secoua pensivement la tête.

«Je n'en suis pas si sûr, Chick», dit-il. "Nous n'avons encore aucune preuve tangible contre eux, et rien de moins ne nous servira devant un tribunal", a répondu Nick.


"C'est vrai."

« Notre théorie repose principalement sur des circonstances insignifiantes, qui sont toutes suffisamment importantes, je l'admets, et suffisamment nombreuses pour justifier des soupçons considérables. Mais nous devons obtenir davantage de preuves positives avant de pouvoir prendre des mesures décisives contre ces suspects.»

"Je suppose que c'est vrai, Nick."

"Nous devrions obtenir les preuves assez facilement, si nous avons réellement localisé les escrocs", a déclaré Patsy.

Nick Carter rit encore, en jetant un coup d'œil aux yeux avides du jeune détective.

« Ce seul mot est vraiment très important, Patsy », dit-il. « Il est difficilement possible que nous nous trompions, au moins en partie, sinon entièrement. Les preuves circonstancielles ne sont jamais totalement dignes de confiance.

« Je parie que vous avez raison, monsieur, malgré tout », insista Patsy, avec une foi inébranlable dans l'astuce de Nick.

«Je vais d'abord m'en assurer», dit Nick, «en prenant certaines mesures pour confirmer ma théorie. Quant à obtenir les preuves nécessaires pour condamner ces vauriens, Patsy, cela ne se fera peut-être pas aussi facilement que vous le pensez. S'ils se méfient, craignant que nous les soupçonnions, non seulement ils pourraient abandonner complètement l'entreprise pendant un certain temps, mais ils pourraient aussi dissimuler leurs traces passées si intelligemment qu'ils dissimulent les preuves dont nous avons besoin.


"Je n'y avais pas pensé, monsieur."

— C'est trop vrai pour plaisanter, Nick, et nous ne pouvons pas être trop prudents et rusés dès le début, dit gravement Chick, prenant désormais la mesure de l'affaire aussi clairement que Nick lui-même. « Que comptez-vous faire ? »

« Personnellement, Chick, je descends à State Street ce matin et je vois ce que je peux apprendre sur Badger. Ensuite, je me rends au quartier général de la police et je rends ces documents au chef Weston. Il me les a prêtés pour que je puisse connaître les lignes d'enquête suivies par ses hommes.

"Est-ce qu'ils semblent avoir accompli quelque chose?"

« Rien de plus que de noter en détail les faits des différents braquages », sourit Nick. "Aucun d'entre eux n'a trouvé d'indice rationnel."

« Y a-t-il quelque chose que vous voudriez que nous fassions pendant que vous êtes ainsi fiancés ? »

"Oui. Je veux que toi et Patsy alliez à Brookline et voyez ce que vous pouvez découvrir chez Badger, » répondit Nick. "Mais je ne veux pas qu'on te voie là-bas."

« Hum ! Laissons-nous tranquilles pour être discrets.

"Son domaine est adossé à une forêt assez vaste, à travers laquelle vous pouvez facilement accéder après avoir localisé l'endroit."


"Ce sera un avantage."

« Prenez le temps dont vous avez besoin, » ajouta Nick, « et découvrez combien d'hommes sont employés dans et autour de la maison et de l'écurie. Apprenez également combien d'automobiles et de chevaux il possède. Plusieurs de ces braquages ont été commis par des cavaliers, et je souhaite savoir ce que Badger possède dans les deux lignées.

« Des automobiles et des chevaux ?

"Exactement."

"Nous allons découvrir toute l'affaire, M. Carter, faites-nous confiance pour cela", s'écria Patsy, impatiente de se mettre au travail.

« En attendant, » dit Nick en se levant, « je vais m'employer comme indiqué. Il est maintenant dix heures et demie. Il vous faudra peut-être trois ou quatre heures pour apprendre ce que j'aimerais savoir, nous prévoyons donc de nous revoir ici environ une heure ou deux avant le dîner, disons à quatre heures.

"Cela nous laissera suffisamment de temps", a déclaré Chick. "Nous serons là à quatre heures pile."

« Vous me trouverez ici », dit Nick, sans penser que quoi que ce soit pourrait l'en empêcher.

Les trois quittèrent la maison ensemble, se séparant à la porte de Washington Street, Chick et Patsy se dirigeant vers le métro pour prendre un tramway Brookline. Ni l'un ni l'autre ne rêvait cependant que de nombreuses heures anxieuses s'écouleraient avant qu'ils ne revoient le visage familier de Nick ou n'entendent sa voix aimable.

# CHAPITRE X.
## L'ANCRE AU VENT.

Comme il l'avait déclaré à ses assistants avant de quitter Adams House ce matin-là, Nick Carter s'est précipité vers State Street pour voir ce qu'il pouvait apprendre sur Amos Badger.

Grâce à ses nombreuses connaissances et à ses relations amicales avec les banquiers et les courtiers, tant à New York qu'à Boston, il était facile pour Nick de vérifier, sans révéler ses motivations, les faits qu'il souhaitait découvrir.

Il apprit de sources parfaitement fiables que Badger, qui n'avait aucun associé en affaires, était fortement acheteur d'actions sur le marché, un marché en déclin constant depuis des mois ; en outre, que son compte de prêt portant sur cette catégorie de garanties avait fait l'objet à plusieurs reprises d'appels de marges supplémentaires, dont on savait qu'ils n'avaient été satisfaits qu'avec des difficultés et des retards considérables.

En un mot, Nick a facilement découvert que Badger était dans une situation financière difficile depuis des mois, mais avait néanmoins réussi à se mettre à jour.


Nick pensait maintenant pouvoir deviner par quels moyens désespérés cet homme collectait les fonds nécessaires pour faire face à ses obligations croissantes de jour en jour.

Mais par hasard, Nick apprit d'autres faits qu'il ne recherchait pas spécialement, mais qui confirmèrent encore davantage la théorie qu'il avait si astucieusement formulée.

Ces faits concernaient la femme de Badger et sa sœur, la diseuse de bonne aventure de Tremont Street, et furent communiqués à Nick un peu malicieusement par un courtier qui avait souffert d'une manière ou d'une autre par Madame Victoria, et qui était informé de l'histoire des deux. femmes.

En bref, comme cela fut dit à Nick, toutes deux étaient nées en Angleterre, filles d'un acteur de second ordre et directeur de diverses entreprises de divertissement ambulantes, dans lesquelles il n'avait obtenu un grand succès.

Les deux filles avaient cependant un peu de talent d'une manière ou d'une autre, et toutes deux avaient passé leurs premières années dans le show business, occupant des postes tels que les diverses entreprises de leur père, décédé depuis, l'exigeaient.

Tantôt en tant que prétendu diseuse de bonne aventure gitane, tantôt comme chiromantique, tantôt comme astrologue, ou comme attraction similaire sous un nom différent, mais toujours comme accessoire à un autre divertissement, le plus jeune des deux avait acquis cette expérience qui, après le mariage de sa sœur et sa venue en Amérique, lui avaient permis d'établir à Boston l'entreprise aujourd'hui dirigée sous le nom de Madame Victoria.

L'aînée des deux, maintenant l'épouse de Badger, avait chanté sur scène, fait des tours dans les salles de concert et, dans les années précédentes, avait été une cavalière accomplie dans le cirque, dès la première fois que Badger l'avait épousée à Manchester. , environ cinq ans auparavant.

L'informateur de Nick lui assura positivement que les deux femmes n'étaient guère plus que des aventurières d'un type plutôt peu recommandable, ce qui confirma encore sa théorie et le convainquit qu'il était sur la bonne voie.

C'était en début d'après-midi qu'il arriva au quartier général de la police, à Pemberton Square, et entra dans le bureau général décrit précédemment.

Il se trouve que le chef Weston se trouvait dans ce bureau à ce moment-là, même si tous les détectives qui n'étaient pas alors affectés à un travail extérieur étaient soit dehors en train de déjeuner, soit dans le salon des agents.

Il arriva aussi que, puisque Satan sert parfois les siens, le seul autre occupant du bureau général était le commis que Nick y avait rencontré quelques jours auparavant : M. Sandy Hyde.

La tête couleur brique de ce dernier se releva au-dessus de ses livres en entendant le nom du détective mentionné en guise de salutation, et ses yeux de chat s'éclairèrent d'un intérêt accru.

"Ah, bonjour, Nick!" » fut le salut du chef Weston. "Quelque chose fait?"

"Je souhaite vous rendre ces rapports, chef, que je vous ai pris il y a quelques jours", répondit Nick en les sortant de sa poche.

« Ils ne servent plus à rien ? »

"Pas pour le moment."

"Très bien."

"Je conserverai cependant cette photographie, que je pourrai peut-être mettre en valeur un peu plus tard."

« Vous n'avez trouvé aucun indice à ce sujet, n'est-ce pas ? »

"Eh bien, je ne suis pas prêt à le dire", opposa Nick, un peu évasivement.

« Entrez », dit brusquement le chef Weston, prompt à remarquer l'hésitation de Nick. « Nous ne serons pas interrompus dans mon bureau. Gardez cela à l'esprit, Sandy.

"Très bien, chef."

"Par ici, Nick."

Nick entra dans l'enceinte et passa par le passage menant au bureau privé du chef.

Il ne jeta cependant pas un seul regard au commis, dont la tête était de nouveau tombée sur ses livres.

Instantané!


Le loquet annonçait que la porte du bureau privé était bien fermée.

Maintenant, M. Sandy Hyde laissa tomber son stylo et descendit de son tabouret.

Pendant un instant, il scruta brusquement, à travers le treillis de cuivre qui surplombait les bureaux, les deux portes ouvertes menant aux couloirs adjacents.

Ensuite , il s'élança hors de l'enceinte et ferma rapidement ces deux portes.

Aucun regard de chat illuminé par un coin sombre n'a jamais été aussi verdâtre et intense que ceux de ce mécréant vigilant à ce moment-là.

C'était pour lui un moment de péril, et il le savait bien ; Pourtant, en cas d'intrus dans le bureau extérieur, il comptait sur le fait d'entendre l'une des portes fermées s'ouvrir à temps pour échapper à la détection.

Les deux étant fermés, il se précipita ensuite vers l'enceinte, de l'extérieur de laquelle l'intérieur de l'étroit passage ne pouvait être vu qu'en partie.

Dans ce passage, Hyde entra rapidement, avec la quiétude furtive d'une ombre, et resta à l'écoute à la porte du chef, son oreille touchant le panneau, ses yeux toujours brillants d'une lueur satanique témoignant de sa mauvaise impulsion.

Ses diverses précautions n'avaient d'ailleurs nécessité que très peu de secondes, et il n'a presque pas perdu un mot du bref entretien de Nick Carter avec le chef Weston, qui était sur le point de répéter sa question au moment où l'oreille indiscrète arrivait à la porte.

"Vous n'avez trouvé aucun indice à partir de cette photo, Nick, n'est-ce pas ?"

Nick n'a jamais été très enclin à révéler ses découvertes avant qu'elles n'aboutissent à une décision décisive, et il a encore une fois éludé la question en disant :

"Eh bien, je n'en suis pas sûr, Weston."

« Que soupçonnez-vous ?

"Rien de définitif pour l'instant", rit Nick avec indifférence. "Je souhaite cependant conserver la photo encore un peu, si vous n'y voyez pas d'objection."

"Rien du tout, Nick, mais tu piques ma curiosité."

"Je t'expliquerai plus tard."

"Très bien."

"Je présume que Madame Victoria pourrait facilement me montrer l'endroit exact où ce braquage s'est produit", remarqua Nick, qui était resté debout à côté du bureau du chef .

"Je l'imagine, Nick."

"Je vais lui demander de m'emmener là-bas."

"Dans quel but?"

"Je veux voir quel genre d'endroit ces escrocs choisissent habituellement pour leur travail coquin."


"Je dois dire que vous aviez déjà vu ça", rit Weston, qui avait été informé de la rencontre de Nick avec eux.

Nick haussa ses larges épaules, souriant de manière significative, et dit :

« Je souhaite voir comment les deux localités correspondent. Quant à mes biens perdus, Weston, je parie que je les retrouverai tôt ou tard.

Le dernier mot fut prononcé avec un peu de ressentiment et avec une signification qui provoqua un changement rapide sur le visage de Weston.

"Tu as compris quelque chose, Nick!" s'exclama-t-il brusquement.

Nick rit encore.

"Qu'est-ce que c'est?"

"Je préfère vous informer un peu plus tard, Weston."

"Comme tu veux, bien sûr, mais je suis vraiment curieux de savoir ce que tu as appris."

— Je n'en suis pas encore tout à fait sûr, chef, et je préfère m'en assurer avant de me livrer à des révélations, dit Nick en secouant la tête. "Ce n'est pas ma manière, vous savez, de faire des révélations qui pourraient s'avérer ultérieurement infondées."

"J'en suis bien conscient, Nick."

"Si cela peut vous apporter une quelconque satisfaction, je ferai cependant une déclaration définitive."


"Qu'est-ce que c'est?"

"Simplement ça, Weston," déclara Nick avec force. "Je vais débarquer ces escrocs pour vous, tous hommes et femmes, ou j'abandonnerai ma commission."

L'oreille du panneau était tendue à ce moment-là, et la lueur dans les yeux de l'auditeur se transformait en une flamme menaçante.

– Eh bien, cela devrait suffire à tout le monde, s'écria Weston avec beaucoup de satisfaction. "J'étais sûr que vous aviez découvert quelque chose qui valait la peine d'être connu."

Nick hocha la tête de manière significative, mais répondit avec indifférence :

— Je pense que oui, Weston, et quand j'en serai complètement sûr, je vous dirai en quoi cela consiste.

"Très bien, Nick", fut la réponse, avec un rire chaleureux. « J'ai dit au début qu'il ne fallait pas vous impliquer dans cette affaire, et cela à n'importe quel stade. Gère-le à ta manière, Nick, et tu me conviendras.

"Je suis seulement un peu curieux de me rendre sur les lieux de ce vol", ajouta maintenant Nick en jetant un coup d'œil à la photo qu'il replaçait dans sa poche. "Si je peux attraper Madame Victoria dans ses appartements après avoir déjeuné, je pense que je pourrai la faire venir avec moi."

« Aucun doute là-dessus, Nick. Elle sera assez heureuse de faire tout ce qui peut lui promettre la récupération de ses biens.

Nick sourit un peu bizarrement et se prépara à partir.

«Je passerai la voir vers deux heures», dit Nick. "Je pense que je peux l'amener à ma façon de penser."

"Quand te reverrai-je?" » demanda Weston en se levant.

"D'ici un jour ou deux."

"Je te souhaite bonne chance en attendant."

Nick rit et secoua la tête, disant avec beaucoup de sécheresse :

« Je compte moins sur la chance, Weston, que sur le travail et le travail intellectuel. Si je ne peux rien tirer de cette affaire avec mon cerveau, je ne crois pas que la chance le fera pour moi. Comme je l'ai déjà dit, Weston, je te verrai dans un jour ou deux.

L'oreille qui écoutait avait quitté le panneau de la porte.

Le pas félin avait parcouru rapidement le passage et sorti de l'enclos, et de nouveau les portes du couloir étaient restées ouvertes.

Il n'y avait eu aucun intrus au cours de ce bref entretien, et un air d'exultation maléfique était apparu dans les yeux de M. Sandy Hyde.

Comme Amos Badger l'avait déclaré récemment à ses confédérés, c'était en effet une grande chance qu'ils aient eu cette ancre au vent.

Car c'était ce mécréant qui avait prévenu Badger de l'arrivée de Nick Carter à Boston et de son acceptation de cette affaire.

C'était ce mécréant qui avait informé Badger de la visite prévue de Nick le matin même, et qui avait rendu possible le braquage qui paraissait tant à Nick une coïncidence.

C'était aussi ce mécréant dont la trahison risquait désormais de coûter la vie à Nick Carter, et pourtant que ce dernier, malgré toute son ardeur, était loin de soupçonner.

Car qui recherche la trahison dans les hauts lieux, ou chez ceux dont on attend le plus naturellement la loyauté ?

Les yeux de chat avaient perdu leur éclat verdâtre et la tête couleur brique était de nouveau penchée au-dessus des livres, lorsque Nick et le chef Weston traversèrent le passage et sortirent de l'enceinte.

Nick ne retarda plus son départ et, sans rien dire au greffier, le chef Weston retourna à son bureau privé.

Il était alors une heure.

Cinq minutes plus tard, le chef de bureau rentrait du déjeuner et Sandy Hyde posait aussitôt son stylo et commençait à enfiler son veston.

L'heure suivante lui appartenait – et il pensait savoir comment l'utiliser au mieux.

# CHAPITRE XI.
## L'incitation à la trahison.

Dix minutes après avoir quitté le quartier général de la police, Sandy Hyde aurait pu être vue traversant le centre commercial Tremont Street de Boston Common.

Pourtant, seul un observateur attentif aurait reconnu ce petit coquin perfide.

Il avait le col de son manteau bien relevé autour de ses oreilles, son chapeau de feutre doux tiré vers l'avant sur son front, et avec son mouchoir tenu près de son visage, son air rusé était en grande partie caché.

Bientôt, il traversa la rue, puis se précipita dans le couloir de l'un des bâtiments, celui dans lequel se trouvaient les chambres de la diseuse de bonne aventure et de l'aventurière de longue date.

Montant rapidement les escaliers, Hyde entra sans cérémonie dans ses appartements.

Il trouva Vic Clayton, sous le nom qu'il la connaissait le mieux, assise seule dans le salon de réception, la femme de chambre qui y était employée venant de sortir déjeuner.

"Eh bien, bonjour, Sandy!" cria-t-elle en se levant de sa chaise quand il entra.

D'ailleurs, quand il s'avançait avec empressement pour lui serrer les deux mains, elle l'attirait dans ses bras et l'embrassait, comme seuls les amoureux embrassent.

"Rompre!" il a cependant rapidement protesté.

"Eh bien, qu'est-ce que c'est ?"

"Même si j'aime ça, Vic, je n'ai pas le temps pour ça."

Les yeux de la femme prirent un air surpris.

"Pas le temps!" » répéta-t-elle en le regardant brusquement.

«Je devrais dire non. C'est le diable à payer.

"Que veux-tu dire?"

"Ou pire que le diable, c'est Nick Carter!"

« Et lui ?

"Il revient ici."

"Pour quoi?"

La dernière sortit avec une vicieuse aspérité des lèvres de la femme surprise.

La couleur avait disparu de ses joues. La lumière de l'affection sensuelle, dont le don avait fait de cet homme un fripon, un traître à sa confiance à la préfecture de police, et en avait fait sa dupe et son outil, cette lumière de passion était soudainement morte de ses yeux, déplacée par l'expression vengeresse. feu avec lequel elle s'était séparée pour la dernière fois de l'homme dont il venait de parler.

Se précipitant vers la porte, Vic tourna précipitamment la clé, puis se retourna, aussi rapide et souple qu'une panthère dans ses mouvements, et saisit Hyde par l'épaule.

"Il ne vient pas ici maintenant, pas tout de suite, n'est-ce pas ?" » demanda-t-elle à voix basse.

"Tu penses que je suis idiot d'être ici, dans ce cas?" grogna Sandy.

"Encore--"

"Non non; nous avons assez de temps, Vic, l'interrompit-il. "Il ne vient qu'à deux heures."

"Pour quoi?"

"Pour vous demander de l'accompagner sur les lieux du faux hold-up."

« Celui de la photographie ? » haleta Vic, les mains pressées contre sa poitrine et son visage blanc dessiné par une appréhension croissante.

"C'est ce qu'il a dit."

« A-t-il détecté quelque chose d'étrange sur cette photo ? »

"Je pense que oui, Vic."

« Savez-vous ce qu'il soupçonne ?

"Il ne l'a pas dit", a répondu Hyde. "Weston lui a demandé, mais Carter a seulement dit qu'il garderait la photo pendant un certain temps."

"Sais-tu pour quoi?"

"Je ne sais pas."

« Y a-t-il eu des noms mentionnés ? »

"Seulement les tiens."

"De la manière dont vous l'avez dit?"

"Oui."

"Rien de plus?"

« Une chose – et une chose très importante ! grogna Hyde avec un signe de tête.

"Ca c'était quoi?"

"Il a ajouté qu'il ferait atterrir notre gang, chacun d'entre nous, homme et femme, ou qu'il abandonnerait son emploi."

"Il a dit ça, n'est-ce pas?"

"C'est ce que."

"L'ingérence infernale!"

"Il a trouvé un indice, c'est sûr !" » déclara l'espion. "C'est une condition qui signifie que nous devons l'avoir, Vic, ou il nous aura."

"Oh, nous allons l'avoir, d'accord !" Vic Clayton pleurait maintenant, avec un ricanement venimeux. "S'il vient pour ça, pour ce que tu dis, tu me laisses tranquille pour l'attraper !"

Même si son flot de questions avait été posée avec une impatience passionnée, elle paraissait désormais plus calme , mais non moins vicieusement déterminée.


Avec un sourire séduisant, elle dit maintenant chaleureusement :

«Tu vas bien, Sandy. Je n'oublierai pas ce petit service, et vous aurez votre récompense quand… »

"Je vais avoir le mien, d'accord, Vic, si jamais le chef comprend le jeu auquel je joue", interrompit Hyde avec un rire et une grimace mêlés.

"Il ne l'apprendra jamais."

"S'il le fait, Vic, je me vois passer au troisième degré d'une manière qui ne laissera que très peu de moi."

"Étalages!"

« Je prends de très gros risques en faisant ça pour toi et pour… »

"N'as-tu aucune récompense pour ce que tu fais, Sandy ?"

Le bras de la femme s'était glissé autour de son cou, tandis que son souffle tombait chaud sur sa joue à cause de l'interruption. Elle le rapprocha jusqu'à ce que ses lèvres rencontrent les siennes, puis le relâcha précipitamment en disant rapidement :

"Vas-y maintenant, Sandy, et laisse-moi le reste."

« Vous pouvez gérer l'affaire ? » il s'attarda pour s'enquérir anxieusement.

"Vous pariez que je peux le gérer!"

"Que ferez-vous?"

« Laissez-moi faire, dis-je. »

"Tu n'as pas de temps à perdre, Vic."


« N'est-il pas temps de perdre du temps à parler de ce genre ? Vic répliqua avec impatience. – Allez-y tout de suite, je vous le répète, et laissez-moi faire le reste.

Hyde se dirigea vers la porte, mais la femme se précipita à nouveau sur son chemin et le serra par le bras.

« Arrêtez-vous un instant ! » cria-t-elle dans sa barbe.

"Bien?"

La question vint avec un halètement surpris, alors que Hyde, naturellement un chien nerveux et lâche, recula instinctivement devant l'expression qui s'élevait maintenant sur le visage de Vic Clayton.

Car il y avait du meurtre dans ses yeux dilatés, dans ses traits d'une blancheur mortelle, dans la fermeté vicieuse de ses lèvres grises et dessinées.

"Il y a quelque chose de plus!" » siffla-t-elle avec une férocité réprimée. « Avez-vous été constamment vigilant au quartier général ?

"Ai-je? C'est une question importante à me poser », a déclaré Hyde. "Tu devrais savoir que je l'ai fait."

" C'est ce que je fais, c'est ce que je fais, Sandy, ma chérie!" s'exclama Vic précipitamment, d'un ton rassurant. « Mais il y a encore une chose. Nick Carter est-il seul dans cette affaire ?

"Oui."

« En êtes-vous sûr, absolument sûr ? » » demanda Vic d'une voix et d'un aspect qui trahissaient clairement le dessein meurtrier qui inspirait cette question de précaution.

« Certainement, j'en suis sûr. »

" Cela ne nous servira à rien de l'abattre, remarquez bien, si d'autres personnes travaillant avec lui doivent renaître de ses cendres et nous confondre avec les mêmes preuves qu'il peut posséder. "

"Il n'y en a pas d'autres", protesta Hyde avec assurance. "S'il y en avait eu, Vic, je te l'aurais dit."

"À condition que vous le sachiez."

"Oh, je l'aurais su, d'accord", a déclaré Sandy. "Je ne sors jamais du bureau, sauf pour manger et dormir, et j'aurais été sage à ce moment-là si Carter avait fait venir l'un de ses assistants de New York."

« Vous n'en avez entendu aucune mention ?

"Pas une."

« Cela me montre donc le chemin, le seul et unique chemin », marmonna la femme en regardant un instant le sol. « Si ce doit être lui ou nous, ce ne sera pas nous !

"Carter n'est venu au bureau du chef que deux fois, les deux fois seul", a ajouté Hyde d'un ton rassurant . "Vous pouvez parier en toute sécurité, Vic, qu'il est toujours seul sur l'affaire."

De nouveau, avec son visage vengeur s'éclairant un instant, elle passa son bras autour du cou de l'espion et l'embrassa.


"Vas-y maintenant, Sandy, et laisse-moi le reste", répéta-t-elle. "Mais venez chez Badger ce soir après la tombée de la nuit."

« Ce soir, Vic ?

"Oui."

"Dois-je te trouver là-bas?" » demanda Hyde avec un regard mélancolique.

« Oui, vous me trouverez là-bas et un autre avec moi ! »

"Pas Nick Carter?"

Les sourcils de la femme se froncèrent à nouveau et ses yeux brillèrent d'un air venimeux.

"Nick Carter, oui!" » répliqua-t-elle avec une férocité réprimée. "Nick Carter... ou ce qu'il reste de lui !"

# CHAPITRE XII.
# LA ROUTE DE CANTON.

Il était précisément deux heures lorsque Nick Carter arriva dans les appartements de Vic Clayton, à Tremont Street.

Naturellement, Nick ne rêvait pas qu'elle eût été informée de ses desseins contre elle. Cette trahison existait au commissariat de la police était ce qui était le plus éloigné de ses pensées.

En demandant à Vic Clayton de l'emmener à l'endroit où elle et Claudia Badger affirmaient avoir été cambriolés, Nick avait plusieurs motivations.

Il voulait d'abord voir si elle y consentirait volontiers.

Nick a estimé que, au cas où elle consentirait volontiers, cela indiquerait une faible possibilité qu'il ait, d'une manière ou d'une autre, mal interprété les caractéristiques curieuses qu'il avait détectées sur la photographie, et que la photo n'était peut-être pas aussi incriminante dans sa signification qu'il l'avait déduit. .

Même si ce doute lointain existait, Nick a estimé qu'il ne pouvait pas sagement prendre une décision très agressive dans cette affaire, et il a utilisé cette méthode pour lever le doute.

En fait, il ne croyait guère que Vic consentirait à se conformer à cette demande, mais qu'il y éluderait en invoquant une excuse plausible.

Cependant, à condition qu'elle obéisse et parte avec lui, Nick pensait qu'il pourrait tellement la coincer avec des questions, alors qu'il serait seul avec elle dans une voiture, qu'il pourrait enfin lui arracher des aveux sur toute l'affaire.

En tout état de cause, il était sûr de pouvoir prendre ces mesures avec tant d'art qu'il ne sacrifierait en aucun cas aucun de ses avantages actuels.

Il trouva Vic Clayton seul dans la salle d'attente joliment meublée, occupé à écrire sur un bureau ouvert dans un coin.

Elle avait réarrangé ses cheveux et fardé ses joues depuis le départ de Sandy Hyde, et elle paraissait, en fait comme en design, remarquablement belle et attirante.

"Cher moi!" s'exclama-t-elle, laissant rapidement tomber son stylo en voyant Nick entrer. « Est-ce vous, détective Carter ?

"Aucun autre", s'inclina Nick en souriant.

"Je suis ravi!" s'écria Vic en se levant pour lui tendre la main. "J'espère que vous apporterez des nouvelles encourageantes, ou peut-être mes joyaux perdus eux-mêmes, même si je ne vous ai prédit qu'un échec."

Le dernier fut ajouté par un rire fascinant, auquel Nick était assez disposé à se joindre, même s'il ne trouvait rien d'invitant dans ses yeux séduisants et ses airs séduisants.

"Eh bien, presque rien d'aussi favorable que cela, Madame Victoria", commença-t-il.

"Non, non, pardonnez-moi!" l'interrompit-elle en lui tapotant le bras d'un air espiègle. « Vous ne rappellerez sûrement pas pour me consulter professionnellement ?

"Non je n'ai pas."

"Alors laissez tomber Madame Victoria, mon cher M. Carter, qui est beaucoup trop tendu pour des relations amicales", cria-t-elle doucement en lui jetant un regard narquois. "Laissez-moi être pour vous simplement Miss Clayton - ou même simplement Victoria, qu'il en soit ainsi qui vous convient encore mieux."

Nick éprouva un vague sentiment de méfiance qui l'envahit alors qu'il regardait et écoutait, mais dans son ignorance de ce qui a été révélé ici, il n'a pu trouver aucune raison précise à ce sentiment. Pourtant, instinctivement, comme on redoute parfois des dangers encore lointains et visionnaires, il n'aimait pas les plaisanteries de cette femme ni ses tentatives ludiques pour le captiver.

Nick rit néanmoins de nouveau et répondit agréablement :

"Comme je vous l'ai dit l'autre jour, Miss Clayton, peu m'importe comment je vous appelle, à condition que vous consentiez à vous conformer à mes souhaits."

"Vos souhaits?"

"Oui."

"Cher moi! Je pense vraiment que je devrais prendre plaisir à me les approprier, détective Carter, » murmura Vic, avec une jolie inclinaison de la tête et un haussement d'épaules.

"J'en ai confiance."

"Prends une chaise."

"Merci."

"Maintenant, que voulez-vous de moi cette fois, détective Carter ?"

Elle s'était assise à côté, lui souriant toujours malicieusement, et Nick répondit plus gravement :

"Je veux que tu me rendes un petit service."

"Il suffit de le nommer."

"Je te trouve disposé", sourit Nick, un peu perplexe.

"Tout le plaisir est pour moi", a ri Vic. "Pourtant, je suis vraiment curieux de savoir ce que tu attends de moi."

"Je te le dirai. Sur quelle route, Miss Clayton, vous et Mme Badger avez-vous été retenus par ces bandits de grands chemins ?

«La route de Canton.»

"Êtes-vous familiarisé avec?"

"Je connais cette partie", s'écria Vic avec un sourire et une grimace très significatifs. "Cher moi! Je ne l'oublierai jamais!"

« Assez vivement imprimé dans votre mémoire, hein ? »

« Décidément, détective Carter ?

"Je suppose que vous pourriez localiser l'endroit précis, s'il y avait une occasion ?"

« En effet, je pourrais. Je sais exactement où c'est.

"Ah, c'est très heureux", dit Nick d'un ton aimable. "Je souhaite y aller et voir l'endroit."

"Pour quoi?"

"Je pense que je pourrais découvrir un indice ou un signe, Miss Clayton, soit dans l'aspect général de la scène immédiate, soit dans le pays environnant, qui pourrait me mettre sur la piste des voleurs", répondit astucieusement Nick, sentant maintenant que même ce boiteux une explication pourrait être faite pour servir son objectif. "Bien sûr", a-t-il ajouté en souriant, "nous, les détectives, voyons bien plus dans de tels cas que les yeux non avertis d'un profane."

"Naturellement."

"Vous voyez l'intérêt, n'est-ce pas ?"

"Oh, oui," acquiesça Vic, avec un regard sage sur lui.

"Qu'en pensez-vous?"

"J'admets qu'il pourrait y avoir quelque chose dedans."

"Je pensais que tu le ferais," répondit chaleureusement Nick. «Maintenant, la question est de revenir au service que j'exige de vous. Veux-tu sortir avec moi et me montrer l'endroit ?

Vic éclata de rire, comme s'il était très amusé.

"C'est tout ce que tu veux de moi?" elle a pleuré.

"C'est tout pour le moment", dit Nick un peu sèchement.

"Eh bien, bien sûr, détective Carter, je vais vous accompagner", s'est exclamé Vic, comme si un refus était la dernière chose à laquelle on pouvait s'attendre, ou la dernière occasion de le faire. « Comment allons-nous y aller ? C'est beaucoup trop loin pour marcher.

"Oh, je ne devrais pas penser à te demander de marcher", rit Nick, sentant à nouveau qu'il se trouvait sur une glace diablement mince, dont il ne pouvait pas expliquer.


"J'espère que non, mon cher M. Carter."

"Je fournirai une voiture."

"A quelle heure veux-tu y aller?"

« Le plus tôt sera le mieux, Miss Clayton. C'est tout de suite qui me conviendra le mieux.

Maintenant, Vic se retenait un peu, toujours rusée, et son visage souriant prenait un air de regret.

"Cher moi! Cela rend les choses un peu mauvaises », a-t-elle déclaré, comme pour évaluer la situation. « J'avais déjà prévu d'aller à… Rester ! voici une note pour vérifier que j'ai trouvé une excuse, détective Carter, après avoir proposé avec tant de volubilité de vous servir.

Elle tendit la main vers le bureau tout en parlant, en retirant la note qu'elle était en train d'écrire, qu'elle tendit maintenant à Nick pour qu'il la lise.

C'était simplement un mot adressé à sa femme de chambre, l'informant qu'elle s'absenterait quelques heures et que la jeune fille pourrait fermer les chambres et faire une promenade jusqu'au lendemain.

"J'avais déjà prévu d'aller monter à cheval et j'étais sur le point de laisser ce mot à Delia, ma femme de chambre", expliqua-t-elle, tandis que Nick jetait un coup d'œil à la missive astucieusement préparée.

"Eh bien, cela interfère, Miss Clayton, comme vous le dites," répondit-il, la regardant un peu intensément, mais ne détectant aucun signe de duplicité, tant le jade était astucieux. « Mais si vous ne pouvez pas venir avec moi aujourd'hui, peut-être demain vous… »

« Arrêtez-vous un instant ! » s'exclama Vic, comme frappé d'une seconde réflexion. « J'y allais seulement avec Amos et sa femme, simplement pour une promenade d'une heure ou deux, et… Écoutez ! ça devrait être eux !

Le klaxon d'une automobile avait retenti dans la rue en contrebas, et Vic se leva tout en parlant et courut regarder par la fenêtre.

"Oui, ils sont au bord du trottoir", a-t-elle ajouté avec une satisfaction manifeste. « Amos arrive ici. Maintenant, s'il n'a pas de projets précis, monsieur Carter, je ne vois aucune raison pour laquelle nous ne pourrions pas vous convaincre de… »

Elle fut interrompue par l'entrée de M. Amos Badger.

Il entra dans la pièce comme un homme pressé, le visage rouge, les yeux brillants, la voix résonnante lorsqu'il demandait impulsivement :

"Tout est prêt, Vic?"

Puis il se retint et s'exclama rapidement, comme s'il apercevait Nick de manière inattendue dans la pièce :

« Eh bien, bonjour, Carter ! Vous ici? Heureux de vous revoir."

"Le plaisir est réciproque, M. Badger", répondit Nick en se levant pour accepter la main tendue de l'autre.


"Merci", acquiesça Badger. « Avez-vous déjà une piste sur ces escrocs infernaux ?

"Non, pas encore."

"Désolé de l'entendre."

"Mais j'espère y parvenir."

"Je me joins à vous dans l'espoir, Carter", a déclaré Badger ; puis il ajouta en riant : « Vous remarquerez que je n'ai plus ces bandages de flanelle rouge.

"Oui, donc je vois."

"Une chose désagréable, un rhume au début de l'été."

"Il en est ainsi", acquiesça Nick. "Je vous félicite de vous en être débarrassé."

Il avait observé l'homme attentivement pendant qu'ils parlaient, et il avait vu ce qu'il n'avait pas vu, entendu ce qu'il n'avait pas entendu, lorsqu'ils se sont rencontrés chez lui à Brookline ; car Badger savait maintenant qu'il était suspect ; Il savait quel travail désespéré il devait accomplir cet après-midi, et il avait abandonné les petits artifices avec lesquels il avait tenté d'aveugler Nick lors de leur précédente rencontre.

Dans sa voix claire et tranchante, dans chaque inflexion subtile et sinistre, dans l'éclat brillant de ses yeux sombres, dans l'équilibre de sa silhouette souple et musclée - dans chacun d'eux, Nick voyait ou entendait à nouveau l'homme de la cale. - aussi clairement que lorsqu'il vit le fripon debout, les armes levées, sur cette route de banlieue ensoleillée.


Pourtant, le visage du détective ne changea pas d'une ombre, et Vic Clayton intervint alors, avec une belle démonstration de sollicitude :

"Nous pouvons rendre service à M. Carter, Amos, si vous n'avez rien de prévu pour l'après-midi."

"Comment?" » demanda Badger en se tournant rapidement vers elle.

« Il souhaite visiter l'endroit où Claudia et moi avons été retenus et volés, et il est venu ici pour me demander de l'accompagner. Maintenant, si vous n'avez pas de voyage particulier à faire aujourd'hui… »

"Aucun du tout!" s'écria Badger, l'interrompant rapidement. « Nous ne sommes sortis que pour une séance d'aération, et je préférerais suivre cette voie comme n'importe qui d'autre. La route de Canton… Pouvez-vous localiser l'endroit précis, Vic ?

"Sûrement."

"Alors nous l'emmènerons là-bas immédiatement, s'il le souhaite", dit Badger, se tournant rapidement vers Nick. « Qu'en dis-tu, Carter ? Il y a un siège dans ma voiture, si vous voulez y aller.

Nick avait prévu ce qui allait arriver et avait décidé quelle voie suivre.

"Oui, j'y vais", dit-il brièvement.

"Assez bien!" s'écria Blaireau. "Enfilez-vous, Vic, et nous commencerons tout de suite."

Nick n'avait en fait vu aucune alternative judicieuse à celle d'accepter l'offre. L'avoir refusé, après la demande qu'il avait faite à Vic Clayton, aurait pu éveiller des soupçons dont il n'avait aucune raison de croire qu'ils existaient déjà. Il ne prendrait aucun risque avant d'avoir obtenu des preuves positives contre ces fripons.

Qu'il avait été trahi depuis la préfecture de police, que ses soupçons et ses desseins étaient déjà en partie connus, qu'il se trouvait désormais confronté à un complot précipitamment organisé par téléphone, qu'il était la victime d'un jeu admirablement joué, que sa vie elle-même était en danger à partir de ce moment-là, seul un clairvoyant aurait pu voir tout cela.

Nick Carter n'était cependant pas un clairvoyant et il n'avait aucune raison raisonnable de soupçonner la véritable gravité de sa situation.

Pourtant, avec la prudence qui lui était habituelle lorsqu'il était en compagnie de personnes connues pour être des escrocs, Nick devint plus méfiant à partir du moment où il prit place dans l'automobile de Badger.

C'était une automobile Packard à quatre cylindres, et Badger conduisait la machine. Avec Nick à côté de lui sur le siège avant, et sa femme et Vic Clayton derrière, le groupe de quatre personnes traversa bientôt Brookline en direction des routes boisées des célèbres Blue Hills.

Bien que la conversation animée qui eut lieu entre-temps ne soit pas importante ici, elle conduisit bientôt Nick à former, en conjonction avec les attentions polies qui lui étaient accordées, une nouvelle théorie pour expliquer la situation apparemment naturelle.

«Ces coquins rusés ne cherchent qu'à me faire une impression favorable par leurs courtoisies», se disait-il pendant une accalmie dans la conversation.

«Ils le font dans l'espoir d'écarter les soupçons, dans le but de me convaincre qu'ils sont aussi honnêtes et à la mode qu'ils le paraissent. Ils ont l'air et semblent bien. Je leur en dois le mérite, et si j'en savais moins sur eux, je serai heureux s'ils ne me trompaient pas avec leurs prétentions.

Ce soliloque traversa l'esprit de Nick plus d'une heure après qu'ils eurent commencé, mais il fut démenti le plus violemment moins de cinq minutes plus tard.

La voiture roulait alors à grande vitesse sur une route boisée dans les Blue Hills, et Badger était penché en avant sur son volant, apparemment concentré sur la route devant lui.

A perte de vue, la route était déserte. Cent mètres plus loin, elle se séparait, une route secondaire tournant à gauche.

La jonction des deux se trouvait au beau milieu d'une ceinture de bois, sans aucun signe de maison ou de clairière en vue.

Après un rapide coup d'œil en arrière par-dessus son épaule, Vic Clayton se pencha soudainement en avant et cria, par-dessus le bruit de la machine :

« Tu dois prendre cette route vers l'est, Amos. L'autre mène à... »

"Non, non, vous vous trompez", répondit rapidement Badger par-dessus son épaule.

"Non, je ne suis pas!"

"La route ouest mène à Canton."

« Vous vous trompez, Amos », insista Vic, apparemment excité, alors que la voiture approchait rapidement du carrefour. « Nous devons prendre la route de l'Est. N'est-ce pas vrai, Claudia ?

Badger ralentit, comme dans une certaine incertitude, puis arrêta la voiture juste au carrefour.

"Eh bien, je ne suis pas vraiment sûre", s'écria sa femme, regardant autour d'elle d'un air dubitatif, mais seulement pour s'assurer qu'aucune autre voiture n'était en vue dans aucune direction. "Tout va bien, Amos——"

Badger était déjà debout, l'interrompant.

"Absurdité!" s'exclama-t-il, tandis que Nick leva les yeux avec un sentiment de méfiance. « Si nous prenons cette route, Vic, ce sera… Oh, je vous demande pardon, M. Carter !

Apparemment, par accident, alors qu'il gesticulait sur la route, il avait fait tomber le chapeau derby de Nick de sa tête.

Puis, d'un mouvement fulgurant, comme pour attraper le chapeau avant qu'il ne tombe au sol, il se jeta sur le corps du détective, limitant ses bras sur ses côtés.

À ce moment-là, Vic Clayton s'était levé dans la voiture, se tenant juste derrière Nick.

"Maintenant!" cria Badger avec une férocité terrible.

Il n'y avait pas besoin du commandement.

Déjà la main levée du devin descendait ; une main agrippa violemment un revolver matraqué, et trois fois la crosse de l'arme lourde tomba carrément sur la tête non protégée de Nick Carter.

L'épisode tragique s'était déroulé en une fraction de seconde, avant que Nick puisse réaliser le dessein, et encore moins l'empêcher, et un seul coup porté comme les trois l'avaient été aurait presque abattu un bœuf.

Sans même un gémissement, alors que chaque muscle se détendait soudainement, Nick tomba inerte et insensé sur le plancher de la voiture, ses cheveux et son front devenus cramoisis par un rapide jet de sang.

En un instant, Badger était au sol.

« Prends ma place, Claudia », cria-t-il précipitamment à sa femme. « Donne-moi un coup de main, Vic, et nous le jetterons derrière. Je lui lierai les mains et les pieds après que nous aurons recommencé. Là, là, ça ira ! Maintenant, prends la voiture, Claudia, et rentre chez toi comme si le diable nous suivait !

- 94 -

Le transfert avait été effectué en une demi-minute.

Dans une autre moitié, la voiture revenait à toute vitesse sur la route forestière à trente milles à l'heure – en direction de la maison de Badger, près de Brookline.

Insensé, entre les sièges, hors de la vue des personnes que la voiture qui courait à toute vitesse pourrait croiser sur la route, gisait l'homme à qui la femme désespérée qui l'avait frappé n'avait prédit que l'échec.

---

# CHAPITRE XIII.
# DES QUARTIERS PROCHES.

« Ce n'est pas à moi de dire ce que vous ferez ou ne ferez pas, puisque vous semblez maintenant tenir les rubans. C'est à toi, Badger, et ce n'est pas à moi de le dire.

Ce qui précède est venu de Nick Carter plusieurs heures après l'épisode tragique survenu sur la route forestière.

Pieds et poings liés, la tête grossièrement bandée, Nick était assis contre l'un des quatre murs de pierre, évidemment ceux d'une petite cave, ou peut-être d'un caveau à vin, avec une seule lourde porte par laquelle on accédait à l'endroit.

Seule la terre nue était sous lui, humide et froide, tandis qu'une petite mare d'eau stagnante dans un coin de la place témoignait de l'emplacement déprimé du sol.

Deux fûts de bière vides se dressaient à proximité.

Sur l'une d'elles brûlait une lanterne dont les rayons ne jetaient qu'une lumière lugubre sur la scène plus lugubre.

Sur l'autre fût était assis Amos Badger, les mains sur les genoux, le regard baissé fixé sur le détective impuissant, et ses traits sombres arborant un air mêlé de satisfaction et de mépris sinistre.

Il était alors tard dans la soirée et Nick Carter avait, avec quelques difficultés, été ramené à la conscience et à une vive prise de conscience de son mal de tête et d'une situation des plus peu enviable.

La restauration avait été accomplie par Conley, qui était en quelque sorte un médecin vétérinaire, et à peine fut-elle terminée que Badger s'empressa d'interroger son captif, entretien à peine commencé lorsque Nick fit la remarque qui ouvre ce chapitre.

"C'est à moi de décider, n'est-ce pas?" » répondit Badger avec une sévère complaisance. « À moi de dire ce qui sera fait de vous ?

"Je ne vois pas que quoi que ce soit de ce que je dis puisse avoir du poids", dit froidement Nick.

"C'est vrai, ce ne serait pas le cas!"

"Pas pour le moment."

« Non, ni plus tard ! » » ricana brusquement Badger. "Tu as eu ton dernier mot, Carter, maintenant que nous t'avons entre nos griffes."

« Un jeu très coquin auquel vous avez joué pour y parvenir ! »

"Quand vous partez à la chasse aux coquins, Carter, vous devez vous attendre à être rejeté par leurs propres méthodes, voire pas du tout."

"C'est vrai aussi, et j'ai eu l'imprudence de ne pas être prêt pour toi."

"Vous avez été confronté à plus d'astuce et de ruse que ce que vous aviez prévu."

"Je n'ai pas besoin d'en être informé", rétorqua Nick, se demandant maintenant quand, comment et pour quelle raison ils avaient planifié cette astuce.

Car il savait que l'assaut avait dû être planifié avant sa conversation avec Vic Clayton cet après-midi-là, sinon il n'aurait pas pu être exécuté aussi rapidement, ni le piège lui-même aussi clairement organisé.

"Cependant, un fait est désormais très évident", a-t-il ajouté, dans l'espoir d'amener Badger à une révélation par inadvertance.

« Quel fait ? » grogna Badger en fronçant les sourcils.

"Une personne vous a informé de la demande que j'avais conçue pour faire la femme Clayton."

"Je le pense?"


"Ou je l'en ai informé."

"Tu deviens vite sage."

"Sinon, Badger, vous n'auriez pas pu planifier le travail entre vous", a poursuivi Nick.

"Peut-être pas."

"Je peux aussi presque deviner de qui il s'agissait, puisque le chef Weston est le seul homme que j'ai informé de mon intention."

"Il est très probable qu'il ait envoyé un messager ici pour nous avertir", ricana Badger avec un sourire.

"Pas lui", rétorqua Nick. "Mais il y a le croquis et les contours d'un homme aux cheveux roux dans son bureau, Badger, que je serai sur le point de rassembler avec vous tous, quand je sortirai de ce trou."

"Il n'y aura pas de rafle immédiate, Carter, puisque cela dépend de vous seul," répondit Badger, avec un regard scrutateur sur le visage de Nick.

"Ah, alors on t'a aussi dit que j'étais seul sur l'affaire", dit Nick, assez disposé à le lui faire penser.

« N'êtes-vous pas seul là-dessus ?

"Si ce n'est pas le cas, Badger, tu auras des nouvelles des autres assez tôt."

"Il n'y en a pas d'autres."

"D'accord."

"Et tu es maintenant impuissant."


"Pas assez."

"Aussi bon qu'en bas et en dehors."

"Mais je suis toujours sur le ring", a insisté Nick.

« Vous êtes entre des mains dont vous ne sortirez jamais vivant, je vous en donne ma parole », s'écria Badger avec une austérité menaçante.

"Votre parole, Badger, n'est qu'un mauvais bon."

"Vous en savez maintenant beaucoup trop sur nous pour que nous puissions vous laisser vous échapper et le révéler", a ajouté ce dernier d'un ton décisif. "Je veux maintenant savoir en quoi consiste exactement votre connaissance et quelles mesures vous avez prises contre nous."

Nick rit un peu avec dérision.

"Je suppose, Badger, que tu devras t'en sortir en voulant", dit-il.

« Vous ne m'en informerez pas ?

"Pas loin de là."

"Je trouverai un moyen de vous contraindre."

"Peut-être", a déclaré Nick. "Mais il vous faudra une longue chasse avant de trouver le chemin."

« Vous me laisserez tranquille pour trouver cela », s'écria Badger avec une aspérité confiante. «Je peux inventer des tortures si aiguës que même vous révélerez ce que vous avez fait envers…»

Sa menace coquine fut alors interrompue par le bruit de pas venant de l'autre côté de la porte en partie fermée. En un instant, la porte s'ouvrit et

Jerry Conley, suivi de Vic Clayton et de la femme de Badger, entra dans ce lieu lugubre.

Le fait que les deux femmes étaient aussi basses et de mauvaise réputation qu'on l'avait rapporté à Nick apparaissait dans leur mépris total de sa misérable condition et dans la satisfaction malveillante avec laquelle elles le regardaient, comme elles auraient regardé une bête en cage qu'elles avaient eu lieu de craindre.

« Vous l'avez ramené sur terre, n'est-ce pas ? » demanda Claudia en jetant un coup d'œil au visage sombre de Badger. "Jerry est juste venu nous le dire, alors nous avons pensé que nous allions le voir."

Vic Clayton, cependant, s'approcha et se pencha au-dessus de Nick, scrutant ses traits sévères, maintenant blancs à cause de la perte de sang ; tandis que ses propres yeux mauvais, avec le sourire moqueur qui courbait ses lèvres cruelles, manifestaient clairement sa nature méprisable et maligne.

"Eh bien, tu as autant de vies qu'un chat, n'est-ce pas ?" » demanda-t-elle d'un ton moqueur.

Nick lui rendit son regard mauvais sans presque changer de visage, mais il y avait dans ses yeux levés une lueur menaçante et ardente, devant laquelle ceux qui le connaissaient le mieux avaient appris à reculer de peur.

« Je vivrai assez longtemps pour rembourser avec intérêts les coups que vous m'avez portés et pour vous amener à votre place ? » répliqua-t-il sévèrement.

« Vous le ferez, hein ? ricana Vic avec un rire moqueur.

"Sans le moindre doute."

"De toute évidence, vous avez oublié ce que je vous avais prédit."

"Les prédictions d'un charlatan se réalisent rarement."

"Charlatan?"

"Et un escroc", a ajouté Nick.

"Ne soyez pas impertinent, M. Carter, pas avec une dame", dit Jade en fronçant les sourcils. « Vous rencontrerez exactement ce que je vous avais prédit : un échec. »

"Je vais prendre ce risque."

"Et vous êtes sur une bonne voie", ajouta Vic, avec un signe de tête sinistre, alors qu'elle mettait fin à son examen malveillant et se tournait vers Amos Badger.

Ce dernier s'était écarté avec sa femme et Conley, et les trois discutaient d'un ton calme, apparemment sans intérêt pour le récent amusement de leur complice.

"Eh bien, qu'en dis-tu?" » demanda Vic en s'approchant d'eux. « Nous l'avons, d'accord. Maintenant, que faire de lui ?

"C'est de cela dont nous discutons", grogna Conley, qui avait beaucoup de voyou en lui. "Je dis que c'était une erreur de ne pas le laisser croasser, s'il avait été assez accommodant pour le faire."

"Bah!" murmura Claudia. "Les hommes avec la tête aussi dure que la sienne ne meurent pas si facilement."

"À mon avis", a ajouté Conley, "il est plus sûr pour nous d'éteindre sa lumière immédiatement et d'en finir."

Badger, cependant, secoua rapidement la tête.

"Pas encore", dit-il sombrement. "Pas avant demain."

« Mais pourquoi ce retard ? protesta Conley. "Je ne vois rien là-dedans."

"Alors je vais vous dire pourquoi."

"Eh bien, finissons-en."

Nick dressait l'oreille, mais il ne pouvait saisir qu'un mot de temps en temps plus fort que les autres.

« Pour commencer, argumenta Badger, je ne vais pas me mettre le cou dans un nœud coulant avant de savoir exactement où nous en sommes. Nous n'avons pas encore de sang sur nos mains, et avant de prendre des risques de ce genre, Conley, je vais être absolument sûr que Carter n'a pas fait part de ses soupçons à Weston. À quoi cela servirait-il de le mettre à l'écart, pour ensuite découvrir que nous avons à nos trousses une demi-douzaine de détectives de Boston, à qui les découvertes de Carter ont été transmises.

"Mais Sandy déclare que Weston n'en sait rien", murmura Vic.


"J'espère que non, mais je vais en être sûr avant d'éliminer Nick Carter", a déclaré Badger.

« Comment pouvez-vous en être sûr ? » grogna Conley.

« Nous le saurons demain à cette heure. »

"Comment ça?"

"Parce que nous en aurons d'autres après nous, Jerry, dès que l'on découvrira que Carter a disparu", raisonna Badger. "Si personne ne se présente, nous pouvons alors supposer que Sandy Hyde a raison et que Carter n'a rien révélé de précis. Nous saurons alors qu'il est le seul à craindre, et il sera alors temps de l'abattre et de le mettre dehors.

"Eh bien, il y a quelque chose là-dedans", marmonna maintenant Conley.

"Nous savons qu'il ne peut pas s'échapper."

« Hum ! Je devrais dire non.

« Il n'y a donc pas lieu de se presser, puisque nous l'avons dans nos griffes », a ajouté Badger. "En outre, il y a autre chose à considérer."

"Qu'est ce que c'est?"

"Carter a peut-être certains de ses assistants new-yorkais ici, malgré tout ce que nous savons positivement du contraire."

"Sandy dit non", intervint Vic.

"Il n'en est peut-être pas absolument sûr", a soutenu Badger. "Et jusqu'à ce que nous en soyons absolument sûrs, ce qui devrait être demain à cette heure, je suis résolu à ne prendre aucun risque d' être un jour jugé pour meurtre."

"Cela a vraiment un son laid", dit Vic avec une grimace lugubre.

"Et il y a une vilaine pénalité", a ajouté sa sœur.

"Alors c'est réglé, Jerry", dit Badger. "Nous garderons Carter ici jusqu'à ce que nous sachions exactement à quoi nous sommes confrontés."

"Eh bien, c'est assez bien pour moi si c'est pour vous", dit Conley avec indifférence.

« Etes-vous sûr que ses liens sont sécurisés ?

« S'il dénoue l'un de ces nœuds, Amos, je mangerai les cordes », fut la réplique confiante.

Demain, nous ferons en sorte qu'il ouvre la bouche et qu'il dise tout ce qu'il sait.

"Quelles étapes?"

"Je vais trouver un moyen, laisse-moi tranquille pour ça."

«En attendant…» commença Vic.

"Plus rien ici", intervint Badger. « Il fait trop humide et trop froid. Retournez à la maison, vous deux femmes, et je vous y rejoindrai tout à l'heure. Je vais d'abord m'assurer que tout est en sécurité ici.

"Très bien, Amos."

Les deux femmes se retirèrent du caveau, Nick les suivant du regard.

Les deux hommes restèrent et tous deux s'assurèrent maintenant que les cordes reliant les bras et les membres de Nick étaient solidement nouées.

Pas un mot n'a été prononcé.

Le travail a duré moins d'une minute, et Badger a alors pris la lanterne et a fait signe à Conley de partir devant.

Cependant, à la porte du caveau, Badger se retourna un instant pour dire avec une assurance vicieuse :

« Si c'est l'un d'entre nous qui doit descendre et sortir, Carter, ce sera toi ! Croyez-moi sur parole !

Pendant un instant, Nick le regarda sévèrement à travers cet endroit lugubre, puis rétorqua froidement :

"Comme je n'ai que ta parole, Badger, je me sens parfaitement en sécurité!"

Badger poussa un grognement à moitié étouffé, puis ferma la lourde porte avec un bruit retentissant.

Nick entendit des tirs de boulons et le bruit d'une barre qui se mettait en place.

Puis tout fut silence pendant un moment – silence et obscurité !

# CHAPITRE XIV.
## OMBRES ET OMBRÉS.

« Des armes tonitruantes ! » marmonna Patsy. "Ce serait un vilain chien à rencontrer dans le noir."

Chick Carter regarda dans la direction indiquée.

Les deux détectives étaient confortablement assis sur une bûche au milieu d'un bosquet d'arbustes.

Les arbustes faisaient partie des broussailles et des buissons bordant la forêt à l'arrière du vaste domaine Badger.

À près d'une centaine de mètres se trouvait l'écurie, vue latérale, avec la longue remise attenante, comme décrit précédemment.

Cinquante mètres plus loin se trouvait la maison Badger, en élévation arrière, avec la porte arrière et les fenêtres bien en vue, ainsi qu'une partie de l'une des vérandas latérales.

Le terrain intermédiaire était dégagé d'arbres et rien n'obstruait la vue des deux détectives qui les surveillaient.

Ils exécutaient l'ordre que Nick leur avait donné ce matin-là, celui d'apprendre ce qu'ils pouvaient sur l'endroit Badger sans être vus.

Ils l'avaient déjà mesuré de face et étaient arrivés à leur point d'observation actuel environ une demi-heure auparavant, résolus à surveiller jusqu'à ce qu'ils soient raisonnablement assurés du nombre de domestiques dans la maison et l'écurie.

Les choses bougeaient toujours avec les Carter une fois qu'une piste était assez bien tracée, et dans ce cas , ils ne faisaient pas exception.

Ce qui avait provoqué l'exclamation murmurée de Patsy fut maintenant observé par Chick, qui écarta les arbustes qui les dissimulaient pour voir l'objet un peu mieux.

C'était un énorme limier cubain, une bête à l'air méchant. L'animal venait manifestement de sortir de l'écurie, dont la façade n'était qu'en partie visible pour les détectives, et il trottait maintenant à travers la pelouse en direction de la porte arrière de la maison.

"Je crois que vous avez raison", répondit Chick. "Il a l'air d'être capable d'enlever un homme d'une seule bouchée."

"Très facile", acquiesça Patsy.

« Si nous avons du travail à faire ici après la tombée de la nuit, dit Chick, nous ferions mieux de garder cet homme à l'esprit.

"Plutôt."

"Il aurait livré un combat plus laid que tout le groupe que nous avons vu jusqu'à présent."

"C'est vrai, Chick."

"Nous n'en avons vu que quatre pour l'instant."

«Badger et sa femme, que nous avons vus de face», a compté Patsy. « La femme d'âge moyen qui travaillait dans la cuisine là-bas, et la covey que nous avons vue autour de l'écurie. Cela fait quatre, Chick ; bien sûr, car tu fais un pied de haut.

"Je commence à penser qu'il n'y en a pas d'autres."

"Quatre, ce n'est pas beaucoup pour continuer le jeu que Nick soupçonne", suggéra Patsy, un peu dubitative.

« Il y a toujours la femme Clayton », répondit Chick ; "et elle et la femme de Badger peuvent être aussi audacieuses et capables que le seraient des hommes."

"Très probable."

« Ils sont assez nombreux pour avoir réussi ce hold-up, c'est évident ; et plus le nombre est petit, Patsy, moins il y a de risque de trahison.

"C'est vrai, Chick."

"Je pense que le manque de domestiques ici est un point en notre faveur."

« Un point sur lequel Nick a raison ? »

"Exactement."

"Peut-être."

« Je doute qu'il y en ait d'autres, répéta Chick, ou que nous puissions rester ici plus longtemps avec avantage. Nous devons rejoindre Nick à quatre heures, vous vous en souvenez.

"Quelle heure est-il maintenant?"

"Une heure et demie", répondit Chick en consultant sa montre.

C'est à ce moment-là que Vic Clayton recevait sa très importante communication de l'espion de la préfecture de police, une demi-heure avant l'arrivée de Nick.

Au même moment, alors que Chick et Patsy étaient accroupis, regardant vers la maison, Conley sortit par la porte arrière et se dirigea d'un pas nonchalant vers l'écurie, allumant sa pipe pendant qu'il marchait.

« Il y a encore cette crique stable, » murmura Patsy. "Je n'aime pas à moitié son apparence."

"De toute évidence, il vient juste de sortir du dîner."

"Chose sûre! Vous voyez, la femme est en train de nourrir le chien derrière les marches. C'est pour cela que ce vilain crétin trottait là-bas.

"Il sait quand vient l'heure du repas", a ri Chick.

" Mebbe , son ticket de repas n'est valable qu'à cette heure", sourit Patsy. « Je me demande si ce covey est le seul homme de l'écurie. Si c'est le cas, Chick, il doit avoir pas mal de travail, sinon Nick est absent sur certains points.

"Pourquoi?"

"Nick pense qu'ils ont trois ou quatre chevaux ici."

"Nous en connaissons un, Patsy."

"Et il pense que ces braqueurs possèdent plusieurs automobiles."

"Ils ne nécessitent pas beaucoup de travail, surtout lorsqu'ils sont rarement utilisés."

"Eh bien, ils n'ont pas les automobiles dans cette écurie, ni dans la remise", déclara Patsy. "C'est un jeu d'enfant, Chick, car nous avons examiné les deux."

"Vrai."

"Et il n'y a qu'un seul cheval dans l'écurie."

"Ils ont peut-être un endroit secret de dissimulation pour toute l'affaire", a déclaré Chick.

"Peut-être, mais pourtant..."

« Arrêtez un peu ! » Chick l'interrompit soudainement, se levant pour regarder à travers les arbustes. "Que signifie cela?"

"Eh bien!" » marmonna Patsy, se levant également. « Il se passe quelque chose ! »

Bien qu'ils n'aient aucun moyen de connaître l'occasion de cette excitation à ce moment-là, étant tous deux hors d'état d'entendre et incapables de s'approcher sans être détectés, c'est justement à ce moment-là que Badger reçut de Vic Clayton une communication téléphonique concernant les créations de Nick Carter, et qui avait été rapidement suivi par la mise en place du complot qui a ensuite entraîné la chute de Nick.

Badger était sorti par la porte arrière de la maison, sans manteau ni chapeau, jetant son cigare alors qu'il traversait la pelouse en courant, tout en criant vigoureusement à Conley.

C'était son apparition soudaine et son excitation évidente qui avaient si surpris Chick et Patsy.

Conley se retourna en entendant les cris, et les deux escrocs se rencontrèrent à environ vingt pieds devant l'écurie, à la vue des détectives.

Là, Badger parla rapidement pendant plusieurs instants, avec de temps en temps des gestes féroces en direction de la ville, et pendant tout ce temps, les deux hommes manifestaient dans leurs visages et dans leurs mouvements une consternation et une excitation difficilement explicables pour quelqu'un qui n'entendait pas.

« Eh bien ! Je donnerais quelque chose pour savoir ce qu'ils disent, » marmonna Patsy, les yeux distendus.

"Il y a quelque chose dans le vent", acquiesça Chick.

Au bout d'environ une minute, Badger se retourna et se précipita vers la maison, y entrant à toute vitesse.

Conley, quant à lui, se précipita hors de vue vers la porte de l'écurie, mais sans y entrer, qui était hors de vue des détectives.

« Où diable est- il allé ? dit Chick avec curiosité.

"On aurait dit qu'il était entré dans l'écurie", a déclaré Patsy.

"Je n'en suis pas si sûr."

"Non?"


"Je pensais qu'il s'était tourné sur le côté juste avant de s'approcher de la porte."

"Il a peut-être couru dans le coin le plus éloigné", suggéra Patsy. "Nous pourrions changer de position, Chick, pour voir cette porte."

"Attends un peu", répondit Chick. "Il y a une grande hâte ici pour quelque chose, et nous verrons tout ce qu'il y a à voir dans peu de temps."

"Je suppose que c'est vrai."

"Badger a pointé du doigt la ville à plusieurs reprises", a ajouté Chick avec un visage grave. "Je parierais un peu que Nick est d'une certaine manière derrière tout ça, s'il n'est pas impliqué dans des ennuis."

"Vous n'imaginez pas..."

"Facile! Voici à nouveau Badger.

Une fois de plus, ce dernier s'était enfui de la maison, et cette fois il était suivi par sa femme.

Maintenant, tous deux portaient leurs vêtements d'extérieur et étaient manifestement prêts à partir en balade.

Au même instant, une automobile, avec un grondement et un vrombissement furieux, apparut devant l'écurie et traversa la pelouse à toute vitesse à la rencontre du couple.

Il était conduit par Conley, qui en tomba dès l'instant où il s'arrêta, tandis que Badger et sa femme montèrent presque aussi rapidement.


Un instant plus tard, sous la direction de Badger, la voiture dévalait à toute vitesse la longue allée de gravier en direction de Laurel Road.

Le départ s'est fait avec tant d'enthousiasme et de précipitation que Patsy, qui avait retenu sa respiration pendant tout ce temps, l'a maintenant expirée avec un souffle aigu.

"Ouf; cela bat le record », s'est-il exclamé.

"Ce qui me laisse perplexe", répondit Chick, perplexe, "c'est d'où vient cette voiture."

« Eh bien ! c'est exactement ce que je pensais.

"Il n'est pas sorti de l'écurie, je le jure."

"Il m'a semblé que cela arrivait dans le coin le plus éloigné."

"C'était une Packard", a expliqué Chick. "Je connais la machine."

"Peut-être--"

"Arrêtez-vous et suivez-moi", interrompit maintenant Chick, qui regardait Conley marcher tranquillement vers l'écurie.

"Où maintenant?" » demanda Patsy alors qu'ils reculaient à travers les bois.

— Retour en ville, dit Chick d'un ton décidé. "Il n'y a plus rien pour nous ici pour le moment."

"Il y a fort à parier que Badger s'est dirigé vers la ville, puisqu'il a pointé par là si souvent."

"C'est juste mon idée, Patsy."

"Qu'est-ce que tu en penses?"

"Je pense qu'il s'est passé quelque chose qui a alarmé ces coquins", a répondu Chick.

"Et que personne d'autre que Nick n'aurait pu provoquer ça ?"

"Exactement."

"Dans ce cas, Chick, il a peut-être bougé depuis que nous l'avons quitté."

"Bien sûr."

"Et peut-être que ces gars-là en ont pris conscience."

"Cela semble être à peu près de la taille", acquiesça Chick. "De plus, il semble que Badger, en effectuant ce voyage éclair, avait quelque chose dans sa manche pour Nick."

« Une contre-attaque ? »

"Précisément."

« Que devons-nous faire à ce sujet ? »

"Nous allons d'abord nous assurer de Nick", répondit Chick. « Il devait nous rejoindre à quatre heures. S'il ne se présente pas à cette heure-là, ou un peu plus tard, il faudra se dépêcher.

« Pour le retrouver ?

"Bien sûr."

« Et si nous ne parvenons pas à retrouver sa trace ?

"De retour ici, nous reviendrons, Patsy, chien ou pas de chien, pour découvrir ce que ce voyage soudain signifiait réellement", a déclaré Chick avec une grave détermination.

Il avait raisonné astucieusement en attribuant le départ excité de Badger à quelque cause d'inquiétude inattendue, et aussi en disant que Nick était la personne la plus susceptible d'en être l'occasion.

De plus, à la lumière de ces déductions, l'action immédiate et décisive de Badger indiquait clairement qu'il avait un projet précis en vue, vraisemblablement un projet visant à éviter le danger imminent.

Les conclusions à elles seules étaient suffisantes pour indiquer qu'un péril menaçait Nick, et son assistant principal n'a pas tardé à y parvenir et à agir en conséquence.

En fait, cependant, la célérité et l'astuce avec lesquelles les Carter coopéraient invariablement à leur travail contribuèrent grandement à assurer leur succès.

La conversation de Chick avec Patsy avait eu lieu alors qu'ils se frayaient un chemin à travers la ceinture de bois d'où ils émergeaient actuellement, puis se hâtaient vers la ligne de tramway la plus proche et retournaient en ville.

Il était presque trois heures lorsqu'ils arrivèrent à la Maison Adams et se dirigèrent vers la chambre de Nick.

Cependant, il n'y avait aucun signe de Nick.

La loupe avec laquelle il avait examiné la photographie incriminée se trouvait toujours sur la table, là où il l'avait laissée. Mais il n'y avait ni note ni signe prouvant qu'il était là depuis que les trois étaient partis en compagnie ce matin-là.

« Il n'est pas revenu depuis qu'il est parti avec nous, Patsy », dit Chick après avoir regardé autour de lui. "Nous attendrons l'heure dite."

"Quatre heures?"

"Ou un peu plus tard."

"Il se présentera peut-être à ce moment-là."

"Je n'en ai pas beaucoup d'espoir", répondit Chick, un peu anxieux. "Je l'ai bien et fort sur moi, une véritable intuition, Patsy, que quelque chose ne va pas chez lui."

"Tu as généralement raison, Chick, quand tu ressens ça."

Chick ne répondit pas, mais commença à faire les cent pas.

Une heure passa sans aucun signe de Nick.

À quatre heures et demie, Chick ne pouvait plus retenir son impatience.

"Allez!" s'exclama-t-il brusquement en rattrapant son chapeau. "Nous allons passer à autre chose."

Patsy se leva du canapé, sur lequel il tirait sur sa pipe.


"Je suis d'accord!" s'écria-t-il avec empressement. « Tu vas essayer de le retrouver ?

"Oui."

« Où d'abord, Chick ? À State Street ?

"Il est trop tard pour y aller", répondit Chick alors qu'ils quittaient la pièce et se précipitaient vers l'ascenseur.

"Pourtant, nous pourrions retrouver sa trace là-bas."

"Je peux le faire plus rapidement, je pense."

"Où?"

"Au quartier général de la police, dans le bureau du chef Weston, à Pemberton Square."

# CHAPITRE XV.
# SUR LA PISTE DE NICK.

Il était cinq heures lorsque Chick et Patsy entrèrent sur Pemberton Square.

C'était environ une demi-heure auparavant lorsque Nick Carter était hébergé dans son lieu de détention.

« Attendez ici, Patsy », dit Chick, au coin où Nick avait engagé le runabout de Grady quelques matins auparavant. « Il n'est pas nécessaire que nous allions tous les deux dans le bureau du chef. Je reviendrai dans cinq minutes.

"Poursuivre."

Chick descendit précipitamment les escaliers du sous-sol et entra dans le bureau du chef – seulement pour rencontrer Sandy Hyde qui venait juste d'entrer par le couloir opposé.

« Où est le chef ? Chick pleura brusquement .

Hyde ne connaissait pas Chick du point de vue de la semelle en cuir, mais, sachant au moins qu'il n'était pas Nick Carter, il répondit assez rapidement :

"Le chef est dans son bureau."

"Je dois le voir."

"Quel nom?"

« Poussin Carter. Viens, viens, je suis pressé !

Les yeux de chat de Hyde commencèrent immédiatement à se dilater en entendant le nom, prenant leur lueur verdâtre d'excitation interne.

Il se rendit alors compte qu'il avait donné un mauvais tuyau à Vic Clayton, qu'un des assistants de Nick était à Boston et travaillait avec lui, et le petit coquin servile commença immédiatement à comprendre comment il pourrait se mettre d'accord et découvrir la mission de Chick.

Il n'osait plus jouer aux oreilles indiscrètes et, craignant aussi de ne pas entendre tout ce qui se disait, il adopta aussitôt le premier recours qui lui plaisait.

Il se précipita à travers l'enceinte et entra dans le bureau privé de Weston, disant rapidement :

"Il y a un homme ici pour vous voir, chef."

"Quel homme?"

« Je n'ai pas compris son nom, monsieur. Mais il est terriblement pressé et je pense qu'il s'est passé quelque chose.

Comme Hyde s'y attendait, le chef Weston se leva de sa chaise et se dirigea vers le bureau général.

Hyde était assez rusé pour prévoir que, si Chick était si pressé, leur conversation se poursuivrait probablement dans le bureau extérieur.

Il en était d'ailleurs ainsi, malgré ce que Weston s'écria aussitôt en serrant la main de son visiteur :

« Eh bien, bonjour, Chick Carter ! Comment vas-tu? Entre."

"Non, non, chef," déclina rapidement Chick. « Je ne vais rester qu'un instant. Est-ce que Nick était là aujourd'hui ?

"Oui, vers une heure."

« Savez-vous où il est allé ?

"Je sais où il a dit qu'il allait."

"Où était-ce?"

"Dans les appartements de Madame Victoria, dans Tremont Street", répondit Weston.

"Sais-tu pour quoi?" » s'enquit Chick, commençant à voir de la lumière devant lui.

Le chef Weston lui expliqua brièvement en quoi consistait la mission de Nick dans les appartements de Vic Clayton, comme l'avait déclaré Nick, puis il s'enquit curieusement :

« Pourquoi tu poses des questions sur lui, Chick ? Y a-t-il quelque chose qui ne va pas?"

, ayant appris tout ce qu'il pouvait sur-le-champ, Chick décida de ne rien divulguer pour le moment.

"Non, rien de mal, chef, je pense," répondit-il rapidement, se tournant pour partir. « Je suis simplement pressé de le retrouver, c'est tout. Il est peut-être rentré à l'hôtel à ce moment-là.

"Je pense que vous le trouverez probablement là-bas", acquiesça Weston, un peu méfiant quant à l'évasion de Chick.

Chick n'attendit pas plus longtemps, mais s'enfuit comme il s'était enfui.

Weston se dirigea vers son bureau privé.

Les yeux verdâtres de Hyde, maintenant plus brillants que jamais, se dirigèrent vers le placard téléphonique.

Cependant, avant qu'il puisse faire un geste pour transmettre l'avertissement souhaité à Badger, le chef Weston se retourna et dit sèchement :

"Tu viens ici avec moi, Sandy. Je veux que vous m'aidiez sur mon rapport trimestriel pendant environ une heure. Ayez l'air vif aussi, sinon vous serez retenu ici jusqu'à six heures passées.

Les traits jaunâtres du perfide mécréant frémirent et se contractèrent de déception pendant un instant, mais l'obéissance immédiate était impérative – et le téléphone dut attendre !

Chick Carter rejoignit Patsy dans le coin.

"Allez!" il s'est excalmé.

"Où maintenant?" » s'enquit Patsy alors qu'ils se dirigeaient vers Tremont Street.

"Dans les chambres de la diseuse de bonne aventure."

« Est-ce que Nick était là ?

"Oui, vers deux heures."

"Avez-vous appris pour quoi?"

"Tout ce que Weston pouvait me dire ", répondit Chick, l'informant précipitamment de ce qu'il avait appris.

Tous deux furent prompts à voir les possibilités que présentaient leurs diverses observations et découvertes, et Patsy déclara maintenant avec force, comme le concluait Chick :

"Je parie qu'une sorte de tour du scorbut a été réalisé."

"J'en ai bien peur, Patsy."

"Badger n'aurait pas été aussi pressé avec cette voiture s'il n'avait pas eu un plan en vue."

"C'est vrai", acquiesça Chick. "Madame Victoria lui a peut-être téléphoné pour savoir ce que Nick allait faire et peut-être planifié avec Badger de le mettre entre leurs mains."

« Cela semble être à peu près sa taille. Si nous n'avons aucune trace de lui ici, grogna Patsy, nous y retournerons ce soir et enquêterons.

"C'est ce que nous ferons."

« Savez-vous exactement où se trouvent les chambres de la diseuse de bonne aventure ?

« Là-bas », acquiesça Chick alors qu'ils se hâtaient de remonter Tremont Street. "Dans ce bloc au coin suivant."

"Qu'est-ce que tu vas lui demander, au cas où elle serait là ?"

"Oh, je peux lui raconter une sorte d'histoire plausible pour expliquer mes recherches", répondit Chick avec assurance. "Elle n'est pas assez clairvoyante pour voir à travers moi, je vais y mettre mon argent."

"Le mien va de la même manière", a déclaré Patsy avec un sourire.

"Je ne lui dirai certainement pas que je suis sur l'affaire avec Nick", a ajouté Chick. « Si ces coquins pensent qu'il travaille seul, nous pourrions tirer un certain avantage en les gardant dans l'ignorance. »

"Sûrement."

« Nick ne souhaite peut-être pas non plus que nous révélions que nous aussi enquêtons sur l'affaire… Arrêtez un peu ! Attends ici!"

Chick avait soudainement attrapé Patsy par le bras et l'avait entraîné à l'abri d'une porte, à moins de vingt mètres de celle menant au bâtiment occupé par Vic Clayton.


L'occasion de cette décision était évidente.

Juste au coin de Boylston Street, et à l'approche du bâtiment mentionné, se trouvait une énorme voiture de tourisme du dernier type, occupée par deux femmes seulement.

« Par le tonnerre ! marmonna Patsy avec enthousiasme. "C'est la femme de Badger qui conduit cette voiture."

"Je vois que c'est le cas", dit Chick plus froidement.

"Avec la diseuse de bonne aventure ?"

« Aucun doute là-dessus. Elle répond à la description que Nick lui fait.

« Bon sang ! »

"Bien?"

« Ce n'est pas la voiture que Badger et sa femme ont utilisée cet après-midi », s'écria Patsy.

" Alors je vois", dit Chick, observant toujours le couple. "Il y a quelque chose derrière tout ça."

"Vous pariez que oui!"

"Mais retenez vos chevaux jusqu'à ce que je voie ce que les deux femmes vont faire."

De ses mains habiles, Claudia Badger avait fait tourner l'énorme voiture dans Tremont Street, puis l'avait arrêtée sur le trottoir en face de la porte donnant accès aux appartements de Vic Clayton.

Ensuite, les deux femmes sont délibérément descendues et sont entrées dans le bâtiment, laissant l'automobile sans surveillance.


Les yeux de Chick Carter prirent une soudaine lueur brillante.

Ils étaient tombés sur un grand panier en saule, ou panier couvert, fixé à l'arrière de la voiture dans le but de ranger les articles destinés à un long voyage. Le panier était presque aussi grand qu'une petite malle, et le dessus n'était fixé que par deux fermoirs en laiton.

« Par Jupiter, Patsy, voici la chance de votre vie ! S'exclama précipitamment Chick.

"Que veux-tu dire?" » vint l'enquête impatiente.

"Voyez-vous ce panier?"

"Bien sûr!"

« Pensez-vous que vous pouvez vous lancer ? »

Patsy n'avait besoin d'aucune autre allusion au projet dans l'esprit de Chick, ni aux possibilités qu'il présentait. Les yeux brillant d'impatience et d'excitation, il répondit précipitamment :

« Se lancer ? Bien sûr que je peux! Le schéma est un vrai délire ! Cela me mènera au milieu de ces coquins. Allez, Chick, et… »

"Arrêtez-vous un instant", prévint Chick. "Demandez à ce policier de vous aider, de vous expliquer qui vous êtes, et demandez-lui d'emporter tous les objets qui pourraient se trouver dans le panier."

"Et toi?"

"Je vais monter à l'étage et garder ces deux femmes occupées jusqu'à ce que je sois sûr que vous êtes bien à l'abri."

"Assez bien!"

"Et ce soir, vous pouvez compter sur moi pour vous donner un coup de main", ajouta Chick, "au cas où on aurait besoin de moi."

"C'est l'idée!" s'écria Patsy.

« Va-t'en donc, pendant que je m'attaque aux deux femmes. »

Patsy se précipita vers l'automobile déserte, près de laquelle se tenait par hasard un policier, et dont le premier obtint rapidement l'aide de la manière suggérée par Chick.

Chick, quant à lui, se précipita dans le bâtiment et monta dans les appartements de Madame Victoria.

Il trouva les deux femmes dans le salon de réception, Vic Clayton occupée à changer son manteau de voiture contre un long manteau.

Ils étaient retournés en ville, après avoir sécurisé Nick, uniquement pour pouvoir être vus par les occupants des magasins voisins, en vue d'obtenir ultérieurement le témoignage de ces observateurs, si le besoin s'en faisait sentir, à l'appui de certains. une histoire plausible selon laquelle ils avaient ramené Nick en ville et l'avaient laissé dans une localité.

En entendant Chick entrer dans la pièce, les deux femmes se tournèrent vers lui avec un air surpris.

«Je vous demande pardon, mesdames», dit-il en s'inclinant. "Je cherche Madame Victoria."


"Je suis elle", répondit Vic, le regardant brusquement.

"Je m'appelle Henderson, madame."

« Que puis-je faire pour vous, M. Henderson ?

« Je cherche un monsieur qui aurait été ici cet après-midi et avec qui j'ai des affaires importantes », expliqua Chick avec une délibération bien calculée pour donner à Patsy l'heure dont il aurait besoin ci-dessous.

Il ne tarda cependant pas à remarquer la lueur suspecte qui apparut instantanément dans les yeux de Vic Clayton après avoir appris son affaire, et il ajouta, avec une certaine suavité :

"Je n'arrive pas à retrouver monsieur à son hôtel, madame, et j'ai pensé qu'il était peut-être encore là."

"Qui est ce monsieur?" demanda Vic avec une indifférence affectée.

"Son nom est Nick Carter."

« Est-ce un de vos amis ? »

"Une connaissance seulement."

« Comment avez-vous appris qu'il était ici, M. Henderson ? » s'enquit Vic, accordant maintenant un sourire gracieux à son interlocuteur.

"J'en ai été informé par le réceptionniste de l'hôtel, à qui M. Carter avait fait part de son intention de venir ici."

«Ah. Je vois."


"J'en ai déduit que M. Carter était venu ici pour vous consulter professionnellement, madame, et j'ai pensé que son entretien aurait pu durer jusqu'à présent."

Chick a facilement détecté le soulagement que son explication astucieuse avait causé aux deux femmes, et cela l'a convaincu qu'il était sur la bonne voie, mais il n'a en aucun cas trahi ses convictions.

Aucune des deux femmes ne s'était approchée de la fenêtre pour regarder dehors, et Vic Clayton avait maintenant boutonné son manteau et semblait impatient de partir.

Chick savait cependant que Patsy devait avoir terminé son projet à ce moment-là, et il ne se souciait pas de la rapidité avec laquelle l'entretien se terminerait.

"Eh bien, M. Henderson, je ne peux pas dire où est allé M. Carter", répondit négligemment Vic. "Mais nous l'avons déposé au coin d'Arlington Street, il y a peu de temps."

"De votre automobile?"

"Oui Monsieur."

"Peut-être que je vais maintenant le retrouver à l'hôtel."

"Je pense que c'est tout à fait probable, monsieur, car il s'est dirigé vers Washington Street après nous avoir quittés", sourit Vic en se dirigeant vers la porte que Claudia Badger avait déjà ouverte.

"Je reviendrai là-bas et je verrai", dit Chick en s'inclinant hors de la pièce. "Merci beaucoup pour votre information."

"N'en parlez pas, monsieur", répondit Vic avec un petit rire, alors qu'elle et son compagnon entraient également dans le couloir, fermant la porte derrière eux.

Chick s'écarta poliment et les laissa le précéder dans les escaliers.

Sans même lui adresser un nouveau regard, les deux femmes se lancèrent dans une conversation conventionnelle alors qu'elles descendaient vers la rue.

Cependant, Chick atteignit le trottoir de près sur leurs talons.

La voiture de tourisme se tenait toujours sur le trottoir, mais il n'y avait aucune trace de Patsy dans aucune direction.

Le policier s'attardait à proximité, avec un air indifférent et un regard vide de l'autre côté du Common d'en face.

A quelque distance de là, quelques observateurs curieux regardaient vers la voiture, se demandant ce qu'ils avaient vu, mais l'officier s'était assuré qu'ils étaient trop éloignés pour attirer l'attention.

Aucune des deux femmes ne les a remarqués alors qu'elle traversait le trottoir et montait rapidement dans la voiture.

Un instant plus tard, il était en route, avec Claudia Badger au volant, et accélérait actuellement Boylston Street.

Chick se tourna maintenant vers le policier, qui le reçut avec un sourire significatif.

« Qu'en dites-vous, officier ? » demanda Chick.

« Il est dedans, d'accord, monsieur », fut la réponse.

"Dans le panier?"

"C'est ce que."

« Était-il vide ?

"Il n'y a rien là-dedans, monsieur."

« Des quartiers rapprochés pour lui, n'est-ce pas ? »

"Plutôt", rit l'officier. « Mais il a réparé les fermoirs pour qu'il puisse sortir quand il le souhaite, et il ne s'en sortira pas si mal. Quel est le travail, M. Carter ?

— Si tout fonctionne bien, officier, vous apprendrez peut-être en lisant les journaux de demain matin, répliqua Chick en se tournant pour partir. "J'ai hâte de vous informer, car j'ai maintenant mon propre travail ailleurs."

Il pensait à la maison de Badger et à ce qui pourrait arriver au jeune détective intrépide qui s'y précipiterait de la manière dangereuse décrite.

Cependant, dix minutes plus tard, avec un revolver dans chaque poche de hanche, Chick était également en route pour Brookline.

# CHAPITRE XVI.
## Une terrible situation.

Patsy retint son souffle.

C'était une sensation nouvelle et parfois passionnante, celle de rouler à trente milles à l'heure enfermé dans un panier en osier à l'arrière d'une automobile.

Parfois, la voiture roulait doucement et rapidement ; à d'autres moments, il secouait fortement sur une route plus accidentée.

Il ne faisait pas noir dans le réceptacle en forme de panier dans lequel Patsy s'était entassé, et pourtant la vannerie était si compacte qu'il ne pouvait voir dehors à moins de soulever le couvercle, ce qu'il n'osait pas faire.

Il ne pouvait pas non plus entendre ce que disaient les deux femmes assises sur le siège avant de la voiture, en raison du bruit constant du véhicule.

Il savait, cependant, qu'il était sur la route vers la maison de Badger et qu'il se précipitait pour aider Nick Carter, et cela suffisait à Patsy jusqu'à ce moment-là.

Après une demi-heure de course, autant qu'il pouvait en juger, le jeune détective, à l'étroit et tordu, sentit la voiture s'écarter rapidement de la route directe qu'elle suivait et accélérer sur une route beaucoup moins douce et moins uniforme.

« Nous sommes entrés dans Laurel Road », conjectura-t-il à juste titre. « Dans cinq minutes , nous devrions arriver chez Badger. Pourvu que je ne sois pas découvert dans cette boîte infernale, j'y entendrai peut-être quelque chose qui servira mon dessein. Si je peux apprendre avec certitude que Nick est ici, puis découvrir exactement où il se trouve, le reste du travail devrait être assez facile.

Quoi qu'il en soit, à ses risques et périls, le brave jeune n'eut même pas une pensée.

Bientôt, la voiture tourna de nouveau et commença à ralentir, et un instant plus tard, lorsque le bruit du moteur s'atténua, Patsy entendit clairement Vic Clayton s'adresser à son compagnon.

"Il y a Amos sur la véranda latérale, Claudia", cria-t-elle d'un ton satisfait.

" Alors je vois, Vic", fut la réponse.

— Ça doit encore aller bien ici, ma vieille, puisqu'il a l'air de se détendre et qu'il fume un cigare.

"Je vais contourner ce côté de la maison avant de conduire la voiture jusqu'à l'écurie", a déclaré Claudia.

"Tu peux m'y déposer aussi."

« Nous allons tous les deux nous arrêter là et laisser Amos mettre la voiture à l'abri. Oui, je trouve que tout va bien ici, comme vous le dites.


« Ils vont bientôt empirer, je parierai ma vie là-dessus », pensa Patsy avec de sombres anticipations.

Il était alors près de sept heures et le crépuscule du début de soirée commençait à tomber.

Alors que la voiture s'approchait de la véranda latérale et s'arrêtait, Badger se leva de la chaise sur laquelle il était assis et se dirigea vers les marches menant à l'allée.

Bien que ses traits sombres portaient un air de complaisance maléfique, il s'adressa aussitôt à sa femme sur un ton plutôt inquiet.

"Eh bien, quel est le verdict ?" Il a demandé.

"Rien de mal, Amos", cria-t-elle alors que les deux femmes descendaient de la voiture.

"Es-tu arrêté dans ta chambre, Vic?"

"Certainement", s'est moqué ce dernier. "Tu ne remarques pas que j'ai changé de manteau?"

"Ah, oui, je vois."

"Je l'ai fait uniquement pour indiquer que nous avions une raison quelconque de visiter les chambres", a-t-elle ajouté avec désinvolture. "Nous avons également eu un visiteur pendant notre séjour."

"Qui était-ce?"

"Un type nommé Henderson."

"Henderson?"

"C'est ce qu'il a dit, Amos, et à ton avis, de qui a-t-il demandé ?"

"Pas Nick Carter!" s'écria Badger, les sourcils froncés rapidement.

"Aucun autre."

« Le diable, dites-vous ! Il y a peut-être quelque chose en retour.

« Rien qui nous implique, je pense », déclara Vic avec assurance.

"Pourquoi en es-tu si sûr ?"

« Parce qu'il a été envoyé dans ma chambre par l'employé de l'hôtel où Carter faisait escale, et à qui il avait parlé de venir chez moi. Il voulait simplement le voir pour affaires, Amos, et n'a pas pu le localiser.

Ce dernier mot fut dit avec beaucoup de signification et dans un rire bruyant et moqueur, auquel Amos Badger se joignit maintenant.

« Pas le localiser, hein ? s'écria-t-il en haussant les épaules. "Eh bien, si quelqu'un le retrouve après demain, Vic, je prendrai une place permanente au dernier rang."

Comme on peut le déduire, cette conversation a eu lieu peu de temps avant l'entretien avec Nick lui-même, tel que relaté dans un chapitre précédent.

— Vous prendrez place dans cet hôtel en pierre de Charles Street, vous voulez dire, avec nous tous, répliqua carrément Vic.

« Vous y serez bientôt ! » pensa Patsy, qui écoutait attentivement tout ce qui se disait.


Pas même un regard n'avait été porté sur le panier, qui extérieurement ne présentait aucune apparence inhabituelle, et Patsy se sentait assez en sécurité dans sa dissimulation.

Mais la fin n'était pas encore là.

« Qu'as-tu fait de lui, Amos ? » Demanda maintenant Claudia, alors que Badger descendait les marches pour conduire la voiture à couvert.

"Avec Carter?"

"Oui bien sûr. Nous sommes partis pour la ville, vous savez, au moment où nous l'avons fait atterrir ici en toute sécurité.

"Conley s'en charge désormais", a déclaré Badger.

"Où?"

"Dans le vieux caveau à vin."

« Allez-vous l'enfermer là-bas ?

"Oui, jusqu'à ce que je lui fasse pire."

« Est-il revenu à lui-même ?

"Pas encore", répondit rapidement Badger. "Ce sont trois vilains coups que Vic lui a donnés."

«Je n'ai pris aucun risque en manquant à mon devoir», dit Vic avec un rire cruel.

"Ils l'auraient tué, c'est sûr, Vic, si sa tête n'était pas aussi dure et dure que celle d'un noir."

"Il aurait alors été hors de notre chemin, de toute façon."

"Conley le fera bientôt réanimer, je pense, et ensuite nous discuterons avec lui et le forcerons à avouer ce qui est fait contre nous", a ajouté Badger en s'approchant de l'automobile. «Je vais ranger la machine pendant que vous entrez et dînez tous les deux. C'est déjà sur la table.

« Vous aviez le vôtre ?

"Oui."

«Envoyez Jerry ici pour nous dire quand son patient revivra», appela Vic Clayton alors qu'elle montait les marches. "Je veux aller là-bas et le voir."

"Très bien", grogna Badger en se précipitant dans la voiture.

Puis les deux femmes entrèrent dans la maison.

Un instant plus tard, la voiture repartit dans un vrombissement et un grondement, et Patsy évalua mentalement la situation telle qu'il la voyait.

« Nous avons mis le doigt sur le problème, d'accord », se dit-il. «Ces escrocs sont tout ce que nous soupçonnions, et ils ont emprisonné Nick ici, après l'avoir frappé à la tête. Mais ils seront payés avec intérêts pour les coups qui lui seront portés, aussi sûrement que le soleil se couche à l'ouest.

« Confiné dans le vieux caveau, hein ? Je me demande où cela se trouve. Evidemment, cela n'a rien à voir avec la cave de la maison, puisque cette diablesse de diseuse de bonne aventure veut sortir quelque part pour voir Nick.

« Conley, de toute évidence, est l'écuyer que nous avons vu aujourd'hui, et, puisqu'il a Nick à sa tête, il y a fort à parier que le coffre-fort mentionné se trouve soit dans le sous-sol de l'écurie, soit dans la longue remise qui y est adjacente. Je parie que je le trouverai rapidement, donnez-moi une demi-chance.

"Bonjour! Que signifie cela?"

Patsy avait soudainement senti la voiture faire une forte embardée, osciller sur le côté, puis plonger en avant comme si elle descendait une pente raide.

"Nous ne pouvons pas entrer directement dans l'écurie", raisonne-t-il rapidement. "L'accès à cet endroit est plat, mais nous descendons un endroit court et escarpé."

"Par jupiter! Je l'ai. Badger emmène la voiture dans un endroit d'où Conley a apporté celle-là ce midi, et dont Chick était sûr qu'elle n'était pas sortie de l'écurie. Ces escrocs doivent avoir une cachette secrète pour leurs voitures et leurs chevaux, et Badger est sur le point d'y emmener celle-ci. Heureusement, je vais maintenant tout savoir.

Patsy avait raison dans ces conjectures.

Badger avait conduit la voiture autour d'un coin de l'écurie, puis jusqu'à une courte clôture entourant l'espace situé sous le bâtiment, situé sur une pente du terrain.


Dans cette clôture se trouvait une porte à peu près assez large pour laisser entrer la voiture, et Badger sauta rapidement pour l'ouvrir.

Ce faisant, Patsy entendit un son qui lui glaça le sang, malgré les nerfs solides et le courage invincible du jeune détective.

Le son était l'aboiement soudain et menaçant d'un chien, alors confiné dans ce garage en sous-sol.

« Par le tonnerre ! c'est ce limier cubain ! » fut l'exclamation mentale de Patsy.

Il éprouva un frisson de consternation en se rappelant maintenant la bête énorme, à laquelle il n'avait pas pensé une seule fois depuis qu'il s'était lancé dans l'aventure hasardeuse dans laquelle il se trouvait à présent impuissant.

« Si j'échappe à la détection de ses vilaines narines , j'aurai de la chance », se dit-il. "S'il me sent avant que je puisse faire un geste pour m'échapper de ce panier, je serai certainement une oie disparue."

Ces pensées traversèrent rapidement l'esprit de Patsy pendant que Badger ouvrait la porte mentionnée.

Alors sortit le chien, presque aussi gros qu'un petit veau, sautant autour de son maître coquin et aboyant furieusement.

« Bon sang ! c'est un son agréable, murmura Patsy avec un frisson irrépressible.

« À terre, Pluton ! » » rugit Badger avec colère. « Restez tranquille, dis-je ! Ferme ton piège, espèce de brute, ou je briserai tous les os de ton vilain corps. Sortez, espèce de salopard ! »

Avec la dernière de ces exclamations, l'énorme chien reçut un coup de pied retentissant dans les côtes, ce qui le fit hurler à travers la pelouse, ce à quoi Patsy poussa un soupir de soulagement.

"Je suis en sécurité pendant au moins quelques minutes", décida-t-il.

Puis il entendit Badger crier avec autorité :

« Voilà, Conley ! Viens ici avec la lanterne, pour que je puisse voir comment courir dans cette voiture. Aie l'air vif, mon vieux !

Patsy se demandait pourquoi il avait crié si fort, et maintenant il osa soulever le couvercle en osier d'environ un demi-pouce et regarder dehors.

Un sous-sol faiblement éclairé croisa son regard. Elle ne faisait pas plus de vingt pieds carrés, avec les murs de fondation en pierre de l'écurie sur deux côtés, la porte ouverte sur un troisième, tandis que le quatrième côté intérieur semblait être une solide cloison en bois.

Le sol était nu et l'endroit était visiblement conçu pour ranger une automobile.

"C'est de là que vient cette voiture ce midi, c'est assez clair", pensa Patsy. « Pourtant, Nick doit avoir tort de penser que les coquins possèdent autant de voitures, car je n'en ai vu que deux. Il n'y a pas de place pour plus que ce nombre.


Cependant, la dernière pensée lui avait à peine traversé l'esprit, lorsque Patsy découvrit son erreur, et aussi pourquoi Badger avait crié si fort.

Une porte coulissante secrète dans la cloison intérieure s'est soudainement ouverte, révélant une longue extension du sous-sol, passant même sous la remise attenante à l'écurie au-dessus.

Dans cette extension secrète, si intelligemment construite qu'elle résistait à toute détection de l'intérieur ou de l'extérieur, Patsy aperçut alors une demi-douzaine de moteurs alignés contre l'une des parois latérales, chacun d'une marque différente des autres, et tous apparemment dans un état de première classe.

« Par le tonnerre ! cela règle le problème, et Nick avait raison », pensa-t-il. « Ce sont les différentes voitures que ces fripons ont utilisées pour leurs braquages nocturnes. Ce sous-sol extérieur n'est qu'un store pour cacher l'autre.

Cependant, le personnage principal qui a immédiatement retenu l'attention de Patsy était celui de Jerry Conley.

Il était apparu dans l'embrasure secrète en réponse au cri de Badger, et il portait dans une main une lanterne allumée et dans l'autre une bouteille de cognac.

"Eh bien, qu'en dis-tu, Jerry?" » demanda Badger, alors que l'autre sortait pour le rejoindre.


"Il va bien maintenant", grogna Conley en posant la lanterne.

« L'a-t-il ramené sur terre ? »

« Presque presque. Il sera lui-même dans quelques minutes.

"Dieu merci!" pensa Patsy avec ferveur. "Cela fait référence à Nick."

"Alors il ne croassera pas?" » demanda Badger, comme quelque peu déçu.

"Pas cette fois; même si je pense que ce serait une bonne chose pour nous s'il le faisait, grogna Conley.

"Aidez-moi à faire rouler cette voiture, puis j'irai lui parler."

Patsy baissa la tête et laissa tomber le couvercle du panier.

Il sentit alors que les deux hommes s'étaient emparés des flancs de la voiture et l'avaient entraînée jusque dans le sous-sol extérieur.

« Tout va bien en ville ? » demanda Conley.

"Oui."

« Est-ce que les deux femmes sont sorties ?

"Bien sûr."

"Je pense que ce serait une bonne idée d'organiser une fête ce soir", déclarait maintenant Conley.

"Pourquoi?" » demanda Badger.

"Cela montrerait à la police que les voleurs inconnus n'ont été gênés par aucun mouvement de Nick Carter, et lorsqu'il est porté disparu, aucun soupçon ne tombera naturellement sur nous."

"Il y a quelque chose là-dedans."

" Bien sûr que oui."

Mais Badger secoua la tête.

« Pas ce soir, Jerry », dit-il d'un ton décisif. « Nous en avons déjà assez pour ce soir avec ce détective infernal. En plus, je suis à fond, avec ce que j'ai eu à faire aujourd'hui.

"Je ne m'en demande pas beaucoup", sourit Conley.

"Nous allons arrêter le hold-up jusqu'à demain", a ajouté Badger. « Vous allez à la maison et dites à Vic que Carter est revenu à la vie. Elle veut sortir et le voir. En attendant, je vais prendre la lanterne et aller causer avec lui.

« Qu'est-ce qu'il y a avec l'éclairage de cette applique ? »

"Il n'y a pas de mal à cela, Jerry. Allume-le, si tu veux.

Badger prit la lanterne tout en parlant et se dirigea vers le sous-sol intérieur, fermant la porte coulissante derrière lui.

Conley craqua une allumette et alluma une lampe à huile accrochée au mur, puis se précipita dehors et traversa la pelouse.

"C'est maintenant mon heure!" pensa Patsy. "Si je peux entrer dans cette cave intérieure et descendre Amos Badger, le reste sera très simple !"

Il releva un peu la tête pour soulever le couvercle du panier.

Puis il s'arrêta brusquement, retenant son souffle.

Le crépitement des pas doux sur le sol à proximité avait atteint ses oreilles.

Puis vint un reniflement furieux de la vannerie du panier.

Il fut immédiatement suivi d'un long grognement grave et menaçant, suffisamment pour avoir envoyé un frisson à travers une image en cuivre.

« Encore ce limier infernal ! pensa Patsy, avec un vilain mouvement de tous ses nerfs. « Par le tonnerre ! c'est pire que d'être chassé par un homme – ou par une demi-douzaine d'hommes ! Que va faire cette maudite brute ?

# CHAPITRE XVII.
# UNE CRISE.

Le limier continuait de renifler et de grogner.

Patsy a continué à s'allonger et à retenir son souffle.

Il savait que s'il se montrait au grand jour, il y aurait à partir de ce moment des ennuis – et les pires ennuis.


Il espérait que la féroce brute aurait bientôt satisfait sa curiosité et se serait alors mis en tête de sortir dehors.

Mais le chien n'a rien fait de tel.

De toute évidence, il savait que quelque chose n'allait pas, et son instinct de chien de garde le poussait à rester à l'endroit suspect.

Il se mit à trotter çà et là près de l'arrière de la voiture de tourisme, sur un espace d'environ six pieds, comme un lion irrité dans une cage.

À chaque tour qu'il faisait, il levait les yeux vers le panier avec ses yeux rouges roulants et se laissait aller à un grognement sourd et menaçant.

C'était comme dire : « Ne sors pas, ou je te fais un repas ! »

Ses énormes mâchoires pendaient et étaient mouchetées de mousse, et Patsy, s'aventurant une fois à le regarder, n'aimait pas son apparence.

« Il me ferait de la viande hachée en moins de dix secondes si j'entreprenais de sauter là-bas », se dit-il avec d'horribles appréhensions. « Pourtant, si je reste ici et lui là-bas, je suis pour ainsi dire découvert par ces escrocs. Je suis heureux si cela ne se transforme pas en une situation extrêmement laide.


En fait, il ne voyait aucune issue immédiate à cette situation.

Il était si à l'étroit et si tordu dans son espace restreint qu'il ne pouvait dégainer son revolver sans se soulever dans le panier, et il savait que le chien l'attaquerait instantanément s'il s'aventurait à le faire.

De plus, ses muscles étaient si contractés qu'il savait qu'il ne pourrait pas bouger de manière avantageuse pendant plusieurs instants après sa libération.

Il se rendit compte, en outre, que le coup de son revolver, au cas où il tenterait de tirer sur le chien, amènerait rapidement Badger et ses acolytes sur place, et que le résultat pourrait éventuellement être fatal à lui-même, ou, du moins, à Nick. plans, pour coincer et arrêter tout le gang.

Ainsi, pendant plus de cinq minutes, la situation est restée en feu, Patsy attendant et se demandant, et le limier grognant toujours et trottant d'avant en arrière à environ six pieds de distance.

C'est à ce moment-là que Badger eut sa conversation avec Nick, comme déjà raconté.

Bientôt, Patsy entendit Conley revenir, accompagné des deux femmes.

Bien que tous trois aient observé le chien, ils ne prêtèrent aucune attention immédiate à ses mouvements, mais se précipitèrent aussitôt vers le sous-sol intérieur et vers le caveau dans lequel Nick était enfermé.

Patsy a prié intérieurement pour que le chien les suive, mais sa prière s'est avérée vaine.

Le limier connaissait son affaire.

Il continuait à trotter et à grogner, faisant parfois claquer ses énormes mâchoires par diversion ou par anticipation, et pendant tout ce temps, ses yeux rouges étaient fixés sur le panier en osier.

Patsy serra les dents avec une rage impuissante.

Mais au bout de cinq minutes, il avait décidé quoi faire.

Il résolut de tirer sur le chien, prenant le risque de le tuer d'un seul coup, puis de sauter hors du panier et d'attaquer, à lui seul, la bande dans le sous-sol intérieur.

Conley avait laissé la porte coulissante ouverte après être entré avec les femmes, et Patsy pensait qu'il entrevoyait une perspective assez juste de mener à bien une démarche même aussi désespérée que celle qu'il envisageait maintenant.

Ayant résolument décidé de sa tâche, il fouilla un peu dans le panier, s'efforçant de libérer son revolver de sa poche arrière.

Le limier redoubla instantanément de grognement.

« Soyez pendu ! » marmonna Patsy avec ressentiment. "Je vais maintenant vous faire taire avec un morceau de plomb."


Il avait réussi à saisir la crosse de son revolver.

Cependant, avant qu'il ait pu sortir l'arme de sa poche, la voix stridente de Vic Clayton résonna dans le sous-sol, alors qu'elle et Claudia Badger sortaient en toute hâte de l'extension intérieure.

"Qu'est-ce qu'il y a avec Pluton ?" s'écria-t-elle en s'approchant.

« Il y a quelque chose qui ne va pas ici », a déclaré Claudia.

Dès l'instant où le chien entendait prononcer son nom, toutes les passions contenues et les instincts féroces de la brute entraient violemment en jeu.

Avec un grognement et un aboiement formidables, il bondit sur le panier, le griffant de toutes ses forces, comme s'il était déterminé à dévorer tout ce qu'il contenait.

Patsy ne prenait aucun risque de perdre la moitié de son visage lors d'une morsure féroce de la brute, et il baissa immédiatement la tête et s'accroupit plus bas.

« Tout est éteint ! » » fut la pensée qui lui traversa l'esprit. "Je suis désormais obligé de jouer au bluff."

Les cris des deux femmes se mêlaient désormais aux aboiements furieux du limier, et Vic Clayton criait avec effroi :

«Viens ici! Viens ici, Amos ! Il y a quelque chose qui ne va pas avec ce chien. Je pense qu'il est devenu fou.

Avant que le dernier mot ne soit prononcé, Badger et Conley se précipitèrent hors de la cave intérieure.

Les deux hommes devinèrent instantanément le sens des gestes de la brute et se précipitèrent tous deux vers la voiture.

«Devenu fou, soyez pendu!» cria Blaireau. "Il y a quelque chose qui ne va pas avec ce panier, pas avec le chien."

"C'est vrai, Amos", a crié Conley.

« Ah, je le pensais ! Sortez, espèce de brute, ou je vous casse la tête ! Qu'est-ce qu'on a ici ?

Badger avait donné à la brute excitée un deuxième coup de pied dans les côtes, ce qui l'envoya une fois de plus hurler dehors, au grand soulagement de Patsy, malgré le changement soudain de la situation.

Au même moment, Conley avait ouvert le couvercle du panier, révélant clairement le détective à l'étroit à la vue de tous.

En un instant, les deux voyous le saisirent à la gorge et aux poignets.

"Attendez!" » haleta Patsy, luttant pour se relever de sa position exiguë, et supposant aussitôt qu'il était le blessé plutôt que le délinquant.

"Viens ici!"

"Bien sûr, je vais sortir", gémit Patsy alors qu'il était tiré au sol, mais toujours dans les griffes des deux hommes. « Dis, ce n'est pas une façon d'utiliser un type. Lâche-moi la gorge, tu veux ? Je ne vais manger personne. Sainte Fumée! mais je suis content que tu aies chassé ce chien. Je pensais que j'étais mort, c'est sûr.

« Vous serez mort, d'accord, jeune homme, à moins que vous ne vous leviez et ne rendiez compte de vous-même », s'écria férocement Badger. « Accroche-toi à ses bras, Conley, au cas où il voudrait faire du mal. Donne-moi cette bande de corde, Vic, et je le rendrai rapide en un tournemain. Ayez l'air vif, dis-je !

Pendant que cet échange de conversation était en cours, Patsy avait été brutalement relevé, pour se rendre compte pendant plusieurs instants qu'il pouvait à peine se tenir debout, tant ses muscles étaient tendus et à l'étroit.

Conley, pendant ce temps, avait tordu les bras du captif en arrière et les maintenait là avec la prise d'un étau.

Badger avait cependant relâché la gorge de Patsy et, avec le morceau de corde que Vic Clayton lui avait apporté en toute hâte, il attacha rapidement les bras et les poignets du détective derrière lui.

"Maintenant, tu rends compte de toi", ordonna-t-il farouchement, serrant sa main serrée sous le nez de Patsy.


" Bien sûr que je le ferai, monsieur, puisque je suis pris dans ma propre boîte, " dit maintenant Patsy, observant avec un sourire ridicule les visages renfrognés autour de lui. "Mais j'aurais été dehors bien avant cela, monsieur, s'il n'y avait pas eu ce chien infernal."

"Dehors et loin, d'accord?" s'écria Badger, rattrapant cette remarque significative.

"C'est quoi, monsieur."

"Que faisais-tu dans ce panier?"

"Seulement voler un tour."

« Voler un trajet ? » répéta Badger, incrédule.

"C'était tout, monsieur, toute cette affaire."

"Tu es un menteur!" grogna Conley, farouchement méfiant.

"Dis, tu me laisses m'installer avec le patron de ce joint, d'accord ?" grogna Patsy, se tournant maintenant vers l'Irlandais. « Je n'ai marché sur aucun de vos cors, n'est-ce pas ? Alors laissez-moi parler avec le patron.

« Je ne te laisserai pas une jambe sur laquelle tenir, si tu… »

"Tais-toi, Jerry!" ordonna brusquement Badger. « Combien de temps étais-tu dans le panier, mon jeune ? »

"Tout le chemin depuis la ville, monsieur."

"Absurdité!" s'écria Vic Clayton en se rapprochant maintenant. "Je sais mieux que ça."

"Bien sûr, madame, je n'aime pas contredire une dame comme vous, mais vous constaterez que j'ai raison", a insisté Patsy, s'inclinant devant elle avec une ridicule démonstration d'humilité.

"Voulez-vous dire que vous êtes sorti de la ville dans ce panier?" » demanda Vic.

"C'est ce que j'ai fait, madame."

« Qu'est-ce qui vous a poussé à faire ça ? » s'écria Badger d'un ton menaçant.

Patsy esquissa un autre sourire.

«Eh bien, c'était comme ça, monsieur, vous voyez», expliqua-t-il avec un air d'humble franchise. "Je marchais le long de Tremont Street avec un de mes camarades - Jones, il s'appelle, monsieur, et le mien est Green."

"Viens au fait, espèce de coquin", grogna Badger avec impatience.

" Bien sûr que je le ferai, monsieur, si vous me donnez le temps."

"Si tu ne le fais pas, je te donnerai autre chose que du temps."

« C'était comme ça, tu vois ? » continua Patsy froidement. "Nous avons vu cette grosse voiture le long du trottoir de Tremont Street, et Nosey, que nous appelons Jones parce que son bec est si gros - Nosey m'a parié cinq que je n'ai pas osé monter dans le panier et voler un tour."

"Il l'a fait, hein?" ricana Badger, avec une vilaine lueur dans ses yeux inquisiteurs.

"C'est ce qu'il a fait, monsieur", acquiesça Patsy. « J'avais vu ces deux dames entrer dans le bâtiment voisin, alors je me suis dit que j'aurais le temps de me glisser dans le panier avant qu'elles n'en ressortent. Je pensais que c'était un jeu d'enfant de gagner un cinq de cette manière simple. Alors, quand j'ai découvert qu'il était vide, monsieur, j'ai sauté dedans, et me voilà – ce que je ne serais pas, rien que pour ce chien, je vous donne ma parole fleurie.

"Votre parole épanouie ne coupe pas la glace avec moi", déclara maintenant Conley, avec un grognement de colère. « Je n'avalerai pas cette histoire, Badger, pas sur ta vie. Il est bien plus probable qu'il travaille avec ses nobles là-bas, et peut-être qu'il y en a d'autres du même genre ici en ce moment.

Cette possibilité suggérée par Conley ne fut pas sans effet immédiat sur Badger, qui se tourna rapidement vers les femmes qui attendaient et s'écria vivement :

« Allez à la maison, vous deux, et nous amènerons ce coquin là-bas et l'interrogerons davantage. Toi, Jerry, ferme cette porte coulissante. Nous laisserons l'autre là où nous l'avons. Il ne peut pas sortir, c'est sûr, et je ne prendrai aucun risque qu'il y ait d'autres personnes qui nous verront dans cet endroit. Nous allons aller à la maison et nous installer avec ce jeune ourson.

"Ce sera le plus sûr", acquiesça Conley, alors qu'il s'empressait d'obéir.

"Vous pouvez laisser cette lampe à huile allumée, Jerry", ajouta Badger en attrapant Patsy par le col et en l'entraînant vers la porte. "Nous devrons peut-être revenir ici."

"Je ne le publierai pas."

"Mais sécurisez cette porte après vous."

"Bien sûr! Pensez -vous que je suis assez idiot pour le laisser ouvert ?

Sur cette dernière remarque, Conley sortit du sous-sol et ferma la lourde porte, laissant l'endroit entier faiblement éclairé par la lampe à huile accrochée au mur.

Vu de l'extérieur, toute l'écurie semblait plongée dans l'obscurité.

Alors que les trois hommes traversaient la pelouse en direction de la maison, avec Patsy dans les bras des deux hommes, l'énorme limier bondit sur l'herbe comme pour les accompagner – ou pour en finir avec Patsy.

Cependant, Badger l'arrêta rapidement, ordonnant sévèrement :

« Partez, Pluton ! Va-t-en avec toi, et fais attention, espèce de brute ! Attention, dis-je !

Le chien parut comprendre. Il laissa tomber son nez noir au sol, poussa un cri court et aigu, puis s'éloigna à la vitesse d'un cerf, çà et là, et finalement vers la ceinture de bois sombre se détachant sur le ciel étoilé à l'arrière du vaste domaine. .

"Il nous préviendra, Jerry!" grogna Badger, resserrant inconsciemment son emprise sur le col du détective. «Laissez Pluton tranquille pour ça. Il nous avertira très bien, et promptement aussi, s'il y a d'autres étrangers qui rôdent près d'ici cette nuit.

Le fait que Patsy possédait ce véritable génie de détective qui anticipe instinctivement les événements à venir apparaît dans la pensée qui lui vint rapidement à l'esprit :

« Il le fera, hein ? Je peux voir sa fin s'il rencontre Chick Carter cette nuit ! »

# CHAPITRE XVIII.
# UN DERNIER RECOURS.

« Fouillez-le ! » ordonna sévèrement Badger. « Nous verrons ce que cela donnera. Fouillez-le, Conley, et voyez ce que vous pouvez trouver !

La scène était la cuisine de la maison Badger.

Quinze minutes s'étaient écoulées depuis que Patsy avait été arrêté et amené là, et le quart d'heure avait été consacré à lui poser des questions pour briser l'histoire sournoise qu'il avait racontée et à laquelle il s'accrochait avec une ténacité née d'un désespoir conscient.

Il se tenait maintenant dos à l'un des murs de la cuisine, en pleine lueur de la lampe.

Ses bras étaient toujours attachés derrière lui, et son col et sa cravate étaient de travers à cause de l'étranglement qu'il avait reçu.

Son visage était calme, cependant, même pas pâle, et ses yeux étaient vifs et brillants avec ce courage inhérent et cette détermination invincible qui le rendaient supérieur à toute situation menaçante, et éminemment digne d'être devenu l'associé et l'assistant de confiance de Nick Carter.

La bande par laquelle il avait été si curieusement coincé était assise dans la pièce.

Badger et Conley semblaient tous deux sévères et laids, démontrant cet état d'esprit lorsque la peur et la suspicion se battent contre l'incertitude.

Les deux femmes, Mme Badger et Vic Clayton, semblaient pâles et anxieuses, comme si elles craignaient que leur carrière aventureuse ne soit sérieusement interrompue.

Pourtant, tous les quatre, y compris une femme brune d'âge moyen qui travaillait dans la maison, regardaient Patsy avec des yeux et des aspects si menaçants qu'ils en auraient impressionné quelqu'un de moins calme, serein et défiant le péril personnel.

Quinze minutes s'étaient écoulées, comme mentionné, et à partir de ce moment-là, les choses avancèrent de manière décisive et rapide, avec toutes les énergies de ces détectives magistraux instinctivement tendues vers ce que chacun savait être un geste final, et tous œuvrant pour produire le point culminant désirable de leur collaboration. efforts.

En réponse à l'ordre de Badger, Conley se releva d'un bond et commença à fouiller Patsy, fourrant violemment sa main dans une poche puis dans une autre.

"Laissez les doublures", suggéra Patsy avec un sourire de défi.

Il savait qu'il n'avait sur lui qu'un seul article qui indiquerait sa vocation, qu'il était prêt à nier malgré cela.

Il est apparu en un instant : son fidèle revolver.

« Ah ! Qu'est-ce que c'est ça?" » s'écria Conley en retirant l'arme de la poche de Patsy. " Alors tu portes une arme à feu, n'est-ce pas?"

" Bien sûr que oui", affirma froidement Patsy. "Tu porterais aussi une arme à feu s'il y avait autant de rats dans ta cave que dans la mienne."

"C'est toi qui es le rat", grogna Badger avec colère, alors que son complice montrait l'arme.

"Vous avez tort, monsieur", a insisté Patsy. "Je suis un ratier, mais pas un rat."

« Que veux-tu dire par là ? grogna violemment Conley.


"Je veux dire que je suis un chasseur de rats", dit Patsy avec une signification sèche.

« Vous êtes un détective », s'écria Badger.

"C'est ce qu'il est, Amos", a complété Vic Clayton, blanc avec des appréhensions accrues. "Il doit faire partie de la force de Boston ."

"Non, je ne suis pas."

« Pas un membre de la force ? »

"Rien de la sorte."

« Si tu mens, mon jeune, le mensonge te coûtera sûrement la vie… »

Ce que Badger aurait dit de plus ne peut être que conjecturé, car, tandis qu'il parlait, secouant violemment son poing en direction de la tête impuissante de Patsy, on entendait depuis l'allée de gravier à l'extérieur et sur les planches creuses de la véranda la lourde chute de pieds pressés.

"Qui est-ce?" s'écria Claudia en sursautant effrayée de sa chaise.

"La porte, Conley!" siffla Blaireau. « Préparez le pistolet ! »

Cependant, avant que Conley ait pu atteindre la porte, vers laquelle il se précipita avec le revolver de Patsy à la main, celle-ci fut ouverte en toute hâte et un coquin aux traits jaunâtres et aux yeux verts bondit, essoufflé, dans la cuisine.


"Oh, c'est Sandy Hyde!" s'exclama Vic avec un petit cri de satisfaction.

« Qui diable est-il ? pensa Patsy, brusquement en regardant le coquin haletant.

Bien que cet avènement de Hyde ait apporté un air de soulagement sur le visage de chacun, Badger a gardé les rênes tendues sur les affaires menaçantes alors en cours, et il a presque immédiatement exigé :

"Qu'est-ce qui t'amène ici, Sandy ?"

"Attends que je reprenne mon souffle et je te le dirai ", haleta Hyde. «J'ai couru depuis le tramway. Le chef m'a gardé au travail jusqu'à il y a une demi-heure.

« Y a-t-il quelque chose qui ne va pas au quartier général ? grogna rapidement Badger.

"Qu'est ce que c'est?" marmonna mentalement Patsy. « Un espion de la préfecture, ou je mange mes bottes ! Par le tonnerre ! il n'est pas étonnant que cette affaire ait contrecarré les efforts des forces de Boston.

Patsy fut assez rapide pour comprendre tout ce que cela signifiait, au cas où sa conjecture immédiate aurait raison.

Sandy Hyde, qui s'était arrêtée un moment pour prendre un verre d'eau près de l'évier de la cuisine, s'empressa maintenant de répondre à la question de Badger.

« Un problème au siège ? Je devrais le dire ! il pleure. «Je viens de prendre conscience de quelque chose, il y a moins d'une heure. Qui est ce type ?

« Ne vous occupez pas de lui pour le moment », s'écria Badger avec une impatience terrible. "Qu'as-tu appris?"

"Nick Carter a un assistant ici pour cette affaire", répondit Hyde.

"Pas Chick Carter!"

"Oui."

"L'as-tu vu?"

"Bien sûr! Il était au quartier général vers cinq heures.

"Pour quoi?"

"Il essayait de localiser Nick."

"Nous avons Nick, d'accord", ricana Badger, avec un petit rire moqueur. "Mais cet autre, ce Chick Carter, dont j'ai souvent entendu parler, je ne le connais pas de vue."

"Moi non plus", dit Conley, fronçant les sourcils à proximité.

"Tu es sûr que ce n'est pas lui ?"

"Bien sûr", s'écria Hyde en jetant un coup d'œil à Patsy. "Je ne connais pas ce type."

"Alors il ne fait pas partie des forces de Boston ", déclara Vic, avec plus d'espoir. "Il n'a pas menti à ce sujet."

Badger se tourna de nouveau vers Patsy, baissé et sombre, et Patsy gagna un point en disant rapidement :


« Bien sûr , je n'ai pas menti à ce sujet. Je ne mentirais pas aux femmes et aux hommes comme vous.

"Non, ce type n'est pas un détective de Boston, je le jure", déclarait maintenant Hyde. "Je les connais tous."

"Mais Chick Carter…" commença Badger.

"Oh, il ne ressemble pas à ce type", interrompit Hyde.

"Il ne le fait pas, hein?"

"Pas du tout! Chick Carter est plus âgé, un jeune homme robuste et bien bâti, avec des traits lisses et nets et… »

"Arrêt!" » cria Vic Clayton en sautant brusquement de sa chaise.

"Bien?"

« Comment était-il habillé lorsque vous l'avez vu à cinq heures ?

"Eh bien, il a dit qu'il allait à votre bureau", s'écria Hyde, revenant maintenant aux affaires qui l'avaient amené là-bas. « Il portait un costume à carreaux, une cravate à pois… »

"Henderson!" » cria Vic, tout frémissant d'excitation. "Cet homme Henderson, Amos, était Chick Carter!"

"Cela ne fait aucun doute!" haleta Claudia Badger, aussi blanche que le nœud de dentelle sur sa gorge.

"Et c'est pour cela qu'il a demandé des nouvelles de Nick Carter", a déclaré Badger, commençant maintenant à voir qu'un réseau était peut-être déjà en train de se resserrer autour de lui.

"C'est quoi, Amos."

"Sais-tu où est allé Chick Carter après avoir quitté ta chambre, Vic ?"

"Bien sûr que non. Comment devrais-je?"

"Il aurait pu le dire."

"Il a dit qu'il allait à l'hôtel de Carter."

"Étalages!"

"Mais je vais vous dire ce que je sais", s'écria Vic, frappé par une réflexion après coup.

"Qu'est ce que c'est?"

"Je sais que ce jeune diable a dû entrer dans ce panier pendant que Chick Carter était dans ma chambre, Amos, et il y a cent contre un que les deux travaillaient ensemble sur cette affaire."

« Eh bien ! elle m'a frappé bien et fort cette fois-ci, pensa Patsy, souhaitant qu'il l'ait réduite au silence. "Maintenant, il y aura quelque chose à faire, je vais aller jusqu'au bout."

Il a bien lu les visages de ceux qui l'entouraient.

La signification de la déclaration de Vic Clayton était tout à fait irrésistible.

"Qu'est-ce que tu dis de ça?" tonna Badger, se rapprochant de Patsy, les traits livides et convulsés de rage.

"Je ne sais pas de quoi elle parle", protesta froidement Patsy.

"Tu mens!" » rugit Conley. "Vous êtes l'un des assistants de Nick Carter, ou——"

« Arrêtez un peu ! » interrompit Badger avec une austérité effrayante. « Nous saurons bientôt s'il l'est ou non !

« Que veux-tu dire ?

"Je vais lui faire découvrir la vérité!" » renifla Blaireau. « Amenez-le après moi, au garage. Je vais lui faire avouer la vérité et nous dire où nous en sommes. Nous l'attacherons par le cou à l'une des poutres, et là il sera pendu s'il ne dit pas toute la vérité ! Emmenez-le, vous deux, et ayez l'air vif ! Je vais continuer et ouvrir les portes.

"Oui, il se passe quelque chose!" pensa Patsy, contemplant son péril imminent. « Ils vont essayer de me pendre, mais ils essaieront en vain ! Pourtant, j'espère plutôt que Chick arrivera à temps pour sauver ma précieuse peau.

Ces pensées traversèrent l'esprit de Patsy alors qu'il était brutalement poussé dehors par Conley et Hyde, tandis qu'Amos Badger se dépêchait d'avancer.

Les deux femmes le suivirent, trop alarmées par le péril imminent pour supporter le suspense de rester derrière.


«Ils ne se soucient pas de moi ni de mon cou», pensa Patsy. "Comme les diablesses de la Rome antique, une fois qu'elles ont goûté au sang, elles ont soif d'en avoir plus."

Alors qu'il était précipité dans le sous-sol par Conley, il vit que la porte coulissante avait été ouverte et que Badger allumait à nouveau la lanterne.

À peine cela fut-il fait que l'ignoble valet, aveugle à tout sauf aux impulsions de son désespoir total, jeta rapidement une corde par-dessus une poutre près du plafond, puis noua un nœud coulant autour du cou de Patsy.

Patsy se tenait juste sous la poutre, aussi calme que s'il était sur le point d'être pesé.

« Attrapez cette corde, vous deux ! » s'écria férocement Badger.

Conley et Hyde sautèrent sur la ligne de conduite laxiste.

Les deux femmes, pourtant élevées pour le mal, reculèrent avec des visages blancs et impressionnés et des yeux dilatés.

"Maintenant, mon jeune, qu'en dis-tu ?" tonna Badger, confrontant Patsy avec le visage livide et les yeux enflammés.

Patsy l'a rencontré les yeux dans les yeux.

"Seulement ce que j'ai déjà dit," répondit-il sèchement.

"Rien de plus?"

"Rien de plus, monsieur!"

« Ni moins ?

« Ni moins ! »

« Lève-le ! » rugit Badger en se tournant farouchement vers ses confédérés.

Patsy sentit la corde se tendre autour de son cou.

Cependant, à ce moment-là, venant de quelque côté du dehors, retentit dans l'air calme du soir le craquement aigu et méchant d'un revolver.

Cela fut mêlé à un seul cri d'agonie – et un limier gisait étendu sur le gazon, touché en plein dans les yeux !

---

# CHAPITRE XIX.
# L'ÉVASION DE NICK CARTER.

Silence et obscurité.

C'est dans ceux-ci que Nick Carter a été confiné plus tôt dans la soirée mouvementée, les mains et les pieds liés, et le dos appuyé contre le mur de pierre froide de la cave à vin désaffectée.

Ce serait cependant une injustice envers lui, envers ces qualités inhérentes et ces capacités rares qui avaient fait de lui ce qu'il était, de négliger de décrire ses mouvements pendant le temps où ses ravisseurs étaient si étroitement engagés avec Patsy.

Nick, bien sûr, ignorait totalement les découvertes et les projets de Chick et Patsy depuis qu'il les avait quittés à Adams House ce matin-là.

Qu'ils aient si vite soupçonné que quelque chose n'allait pas à cause de son absence, ou qu'il puisse compter sur eux pour une aide immédiate, il n'imaginait pas un instant. Car c'était alors seulement quelques heures après l'heure où ils étaient convenus de se rencontrer, et n'importe quel incident ordinaire aurait pu le retenir aussi longtemps.

Pourtant, Amos Badger n'avait pas plus tôt fermé la porte du caveau que Nick Carter commençait à songer à s'enfuir.

« Quoi que j'accomplisse, se dit-il, je dois l'accomplir seul. Il n'y a aucune chance que Chick et Patsy aient encore découvert un indice permettant de me localiser, même s'ils soupçonnent maintenant que j'ai rencontré un accident bestial, je dois donc envisager de jouer seul pour sortir de cet endroit. Je vais au moins essayer, et si... Bonjour ! qu'est-ce que cela signifie, je me demande ?

De quelque côté au dehors, porté faiblement à ses oreilles, était venu l'aboiement furieux d'un chien, mêlé aux cris des hommes et aux cris des femmes.

Pendant une demi-minute, Nick écouta attentivement, mais les bruits effrayants ne se prolongeèrent pas, et bientôt seul le silence régna dans la cave à vin.

Arrêtez-vous un peu, pas tout à fait le silence !

D'un coin vint un léger bruit que l'oreille de Nick fut prompt à détecter.

C'était un goutte-à-goutte constant, un goutte-à-goutte, un goutte-à-goutte d'eau, venant d'un point plus haut que le sol.

Nick se souvient avoir vu une mare stagnante dans le coin d'où sortaient les gouttes, et il en a déduit à juste titre qu'il devait y avoir une réserve d'eau au-dessus, peut-être dans l'écurie, et qu'il existait une fuite considérable.

« Mon premier travail doit être celui de remettre mes mains en liberté », monologue-t-il au bout de quelques instants.

Ils étaient à égalité derrière lui, mais cela importait peu à Nick Carter.

Alors que la lanterne était dans la voûte, au cours de sa conversation avec Badger, Nick avait examiné visuellement les murs de pierre environnants et avait découvert plusieurs endroits où les coins rugueux des pierres dépassaient un peu, formant des arêtes assez vives.

Contre l'un d'eux, il s'appuya, après s'être relevé avec quelque difficulté, jusqu'à ce qu'il puisse amener la corde autour de ses poignets pour appuyer contre le bord de la pierre.


Puis il commença à le scier de haut en bas, au prix d'un peu de peau de ses jointures, et au bout de cinq minutes il sentit un des brins céder et se briser. Puis, avec un grand effort, il réussit à briser toute la corde, et la libération de ses mains devint aussitôt facile.

« Maintenant, si vous venez ici, Badger, vous serez accueilli plus chaleureusement qu'avant », marmonna-t-il avec détermination, tandis qu'il se mettait à travailler sur les cordes autour de ses chevilles.

En trois minutes , ses membres étaient également libres et Nick jeta froidement les cordes de côté.

"Ensuite, trouver un moyen de sortir d'ici", fut son commentaire mental.

Il avait remarqué qu'il n'y avait pas de fenêtre, et il avait peu d'espoir de pouvoir forcer la lourde porte, étant privé de son couteau et de son revolver.

Après avoir examiné la porte, vers laquelle il tâtonna dans l'obscurité, il décida qu'il ne pouvait rien y accomplir.

Cependant, le ruissellement constant de l'eau pouvait encore être entendu, et Nick raisonnait maintenant astucieusement :

« Cette eau doit avoir une voie d'évacuation, et elle peut s'écouler sous le mur de fondation dans ce coin. Si tel est le cas, le sol devrait être meuble et boueux, et je pourrai peut-être creuser mon chemin ou, au moins, travailler sous le mur et découvrir ce qui se trouve au-delà. Je vais essayer, en tout cas.

Alors qu'il tâtonnait vers le coin, il tomba sur l'un des fûts de bière vides mentionnés précédemment.

"Ha! c'est exactement ce qu'il faut, pourvu que je puisse le briser, se dit-il. "Une de ces douves de chêne servira admirablement de bêche."

Saisissant le fût par le carillon, il le lança de toutes ses forces contre un des murs.

Il y a eu un double effet.

Tout d'abord, le fût s'est brisé et craqué bruyamment, plusieurs douves cédant sous le coup terrible.

Deuxièmement, un instant plus tard, un morceau de roche du mur tomba avec un clapotis dans la mare d'eau.

Nick examina ensuite le mur.

Il constata que les fuites constantes venant d'en haut avaient ramolli le vieux ciment et le mortier, et que les pierres de cet endroit pouvaient être enlevées avec presque n'importe quel outil robuste.

En une demi-minute, il avait démoli le fût de bière et tenait un des gros bâtons à la main.


Il attaqua ensuite la maçonnerie près de la piscine et, pendant dix minutes, il travailla aussi vigoureusement et aussi rapidement que l'obscurité le permettait.

Ensuite, il fit retirer deux des pierres inférieures du mur et créer un espace suffisamment grand pour pouvoir y ramper.

En écoutant cette ouverture, il pouvait maintenant détecter un autre son tout près. C'était le piétinement occasionnel des chevaux, évidemment dans leurs stalles.

"Hmm!" grogna Nick. « Je ne suis pas sûr d'être hors de propos, après tout. Ce trou me conduira évidemment dans un sous-sol sous l'écurie ou la remise. Par jupiter! il se peut que Badger ait ici un endroit où se cacher pour ses chevaux, ceux qu'il utilise occasionnellement pour un braquage. Je vais rapidement m'en assurer.

Rampant avec un peu de difficulté à travers le trou dans le mur, Nick se leva du côté extérieur et tâtonna prudemment dans l'obscurité.

Soudain, ses mains tendues sont entrées en contact avec... une automobile !

Il se trouvait dans le garage intérieur, la cachette secrète des plusieurs voitures de Badger.

Cependant, il avait fallu à Nick une demi-heure pour accomplir tout cela, et avant qu'il puisse déterminer quoi que ce soit de précis quant à son emplacement actuel, il entendit des voix à l'extérieur et une porte s'ouvrit précipitamment.

"Hmm!" grogna-t-il mentalement. « Mes ravisseurs reviennent-ils ? Ils me trouveront prêt pour eux cette fois !

Puis il s'accroupit rapidement à l'arrière de la voiture avec laquelle il était entré en contact.

La porte coulissante s'était soudainement ouverte et la lumière de l'applique murale extérieure se dirigeait vers la cave annexe.

À l'instant où les yeux de Nick tombèrent sur la rangée d'automobiles, il devina toute la vérité concernant l'endroit.

Mais son intérêt se concentrait surtout sur deux hommes qui en précipitaient un troisième dans la place, suivis de près par deux femmes, tandis que Badger s'empressait d'allumer une lanterne.

"Bon ciel!" s'exclama mentalement Nick. « Leur captive est Patsy !

Il observait et attendait, déduisant de plus en plus du peu qu'il entendait, et pendant tout ce temps, ses traits blancs et sévères, encore enveloppés de bandages, devenaient durs comme du silex.

Patsy sentit la corde se resserrer autour de son cou.

Puis le coup de revolver retentit du dehors.

Ensuite, une forme sombre surgit de l'arrière de la voiture de tourisme – bondissant avec le bond d'un lion en colère.

Deux mains crispées se levaient et s'abaissaient, et deux hommes tirant sur une corde jetée au-dessus d'une poutre furent envoyés insensés à terre, frémissant dans tous leurs muscles, comme tremble un bœuf lorsqu'il est tombé en ruine.

Puis deux mains se refermèrent autour de la gorge d'Amos Badger, et dans les oreilles du mécréant résonnèrent une voix et des mots qui lui enlevèrent toute la force et la virilité, si tant est qu'elle soit là, complètement.

"Ce sera toi, Badger, pas moi!"

"Oup la!" » cria Patsy. "C'est Nick lui-même!"

Deux femmes, effrayées par leur misérable vie, se tournèrent et coururent vers la porte ouverte, pour ensuite se précipiter dans les bras prêts de Chick Carter.

Chick était arrivé à la lisière du bois peu de temps auparavant et avait vu Patsy emmenée hors de la maison et dans le sous-sol du garage. S'empressant de traverser la pelouse et de lui donner un coup de main, comme il l'avait promis, Chick avait rencontré le limier, le tuant d'un seul coup bien dirigé, puis s'était précipité dans le garage, juste à temps pour devancer Vic Clayton et Claudia Badger quand ils se sont retournés pour fuir.

Le reste peut être brièvement raconté, car on pourrait difficilement imaginer une synthèse plus complète et plus réussie . En moins de dix minutes, toute la bande était aux fers, et trente minutes plus tard, ils prenaient place à bord du wagon de patrouille local, au lieu d'une voiture Packard.


La révélation de leur plan canaille fut également complète lorsque l'affaire fut portée devant le tribunal, un peu plus tard, car Nick Carter trouva dans et autour de la maison et de manière stable de nombreuses preuves prouvant que ses déductions avaient été dès le début entièrement correctes.

Heureusement aussi, il a trouvé des lettres et des indices lui permettant de retracer une grande partie des biens volés grâce auxquels Badger avait gagné des milliers de dollars et qui ont finalement été restitués à leurs propriétaires légitimes.

Dans le coffre-fort de Badger, Nick a trouvé sa propre montre et sa chaîne, mais l'argent qui lui avait été volé manquait. Il a cependant eu dans son succès dans cette affaire une récompense qui a largement plus que compensé sa perte insignifiante.

Abasourdi lorsqu'il fut informé par quels moyens les détectives de Boston avaient été déconcertés dans leurs efforts pour découvrir ces voleurs de route, la gratitude du chef Weston envers Nick n'avait d'égale que son amertume envers Sandy Hyde, et il s'assura que ce fripon perfide recevrait une peine aussi longue que possible. comme les autres membres du gang Badger — et ce fut une des années.

Bien avant la libération de l'un d'entre eux, la maison Badger, près de Brookline, était passée entre d'autres mains, vendue au titre d'une lourde hypothèque, et à partir de ce moment, Tremont Street ne connut plus la fameuse Madame Victoria.


Tous sont passés, comme ils le méritaient, hors de l'esprit du public, du cœur et de la vie de connaissances amicales – à partir du moment où Nick Carter les a montrés sous leurs vraies couleurs et leur a fermé la porte d'une cellule de prison.

## LA FIN.